日本図書館協会
図書館員の問題調査研究委員会編

「図書館員の倫理綱領」解説

増補版

社団法人　日本図書館協会
2002

Code of Ethics for Librarians:
the Commentary Notes

「図書館員の倫理綱領」解説 ／ 日本図書館協会図書館員の問題調査研究委員会編
増補版. — 東京 ： 日本図書館協会, 2002. — 87p ； 21cm
ISBN978-4-8204-0124-7

t1. トショカンイン ノ リンリ コウリョウ カイセツ a1. ニホントショカン
キョウカイ s1. 図書館員 ①013.1

目 次

「図書館員の倫理綱領」を支持する決議 …………………… 4

図書館員の倫理綱領 ……………………………………………… 5

綱領の解説 ………………………………………………………… 11

綱領制定までの歩み ……………………………………………… 50

関係文献一覧 ……………………………………………………… 53

資料集

    倫理綱領（アメリカ図書館協会）………………………… 65

    図書館員の行動規定（イギリス図書館協会）…………… 67

    図書館人の倫理宣言（韓国図書館協会）………………… 72

    出版倫理綱領 ………………………………………………… 75

    雑誌編集倫理綱領 …………………………………………… 76

    新聞倫理綱領 ………………………………………………… 78

あとがき …………………………………………………………… 80

増補版へのあとがき ……………………………………………… 82

索　引 ……………………………………………………………… 83

「図書館員の倫理綱領」を支持する決議

　1980年6月4日日本図書館協会総会において、「図書館員の倫理綱領」の制定が決議されました。これは、昨年改訂され、本大会においても支持決議がなされた「図書館の自由に関する宣言」と表裏一体をなすものであります。「宣言」が機関としての図書館の社会的責任を明らかにしたものであるのに対し、これは、その責任を日常業務の中で果していく役割をになう個々の図書館員の、職務遂行上守るべき事項をまとめ、自律的規範として社会に発表し、誓約したものであります。

　「倫理綱領の制定」については、1974年の本大会において、日本図書館協会にその促進方を申し入れる決議がなされ、それをうけて、協会が数年来準備をすすめてきたものであります。そして今回、図書館員の基本的態度をはじめ、利用者に対する責任、資料に関する責任等を内容とする綱領として実現をみたわけであります。

　図書館に寄せられる社会の期待と国民の資料要求は、今日ますます増大しつつあります。この時期に、利用者と図書館資料を結ぶ重要な役割をになう図書館員が、自ら守るべき倫理規程を公表し、その責任を明らかにしたことは、まことに時宜にかなったことと言わなければなりません。わたくしたちは、この綱領を支持し、自らその理解を深め、普及につとめると共に、ひろく国民に支持と理解を求め、綱領の精神と内容を日常の図書館活動の実践に活かし、そのことを通じて、国民の学習権を保障する社会機関としての図書館が、一層発展するよう努力するものであります。

　昭和55年11月1日

昭和55年度全国図書館大会

図書館員の倫理綱領
日本図書館協会

・・・・・・・・・・・・・・・・・・・

　この倫理綱領は,「図書館の自由に関する宣言」によって示された図書館の社会的責任を自覚し,自らの職責を遂行していくための図書館員としての自律的規範である。
　1　この綱領は,「図書館の自由に関する宣言」と表裏一体の関係にある。この宣言に示された図書館の社会的責任を日常の図書館活動において果していくのは,職業集団としての内容の充実によらなければならない。この綱領は,その内容の充実を目標とし,図書館員としての職責を明らかにすることによって,自らの姿勢をただすための自律的規範である。したがってこの綱領は,単なる徳目の列挙や権利の主張を目的とするものでなく,すべての館種に共通な図書館員のあり方を考え,共通な基盤を拡大することによって,図書館を社会の有用な機関たらしめようという,前向きでしかも活動的なものである。
　この綱領でいう図書館員とは,図書館に働くすべての職員のことである。綱領の各条項の具体化に当たっては,図書館長の理解とすぐれた指導力が不可欠である。
　2　綱領の内容はこれまでの図書館活動の実践の中から生まれたものである。それを倫理綱領という形にまとめたのは,今や個人の献身や一館の努力だけでは図書館本来の役割を果すことができず,図書館員という職業集団の総合的な努力が必要となり,かつ図書館員のあるべき姿を,図書館員と,利用者と,図書館を設置する機関または団体との三者が,共に考えるべき段階に立ち至ったからである。

3　この綱領は，われわれの図書館員としての自覚の上に成立する。したがってその自覚以外にはいかなる拘束力もない。しかしながら，これを公表することによって，われわれの共通の目的と努力，さらにひとつの職業集団としての判断と行動とを社会に誓約することになる。その結果，われわれはまず図書館に大きな期待を持つ人びとから，ついで社会全体からのきびしい批判に自らをさらすことになる。

　この批判の下での努力こそが，図書館員という職業集団への信頼を生む。図書館員の専門性は，この信頼によってまず利用者に支えられ，さらに司書職制度という形で確認され，充実されねばならない。そしてその専門性がもたらす図書館奉仕の向上は，すべて社会に還元される。そうした方向へわれわれ図書館員全体が進む第一歩がこの倫理綱領の制定である。

　4　この綱領は，すべての図書館員が館種，館内の地位，職種及び司書資格の有無にかかわらず，綱領を通して図書館の役割を理解し，綱領実現への努力に積極的に参加することを期待している。さらに，図書館に働くボランティアや図書館同種施設に働く人びと，地域文庫にかかわる人びと等による理解をも望んでいる。

　5　綱領の構成は，図書館員個人の倫理規定にはじまり，組織体の一員としての図書館員の任務を考え，ついで図書館間および図書館以外の人びととの協力に及び，ひろく社会における図書館員の果すべき任務に至っている。

　（図書館員の基本的態度）
　第1　図書館員は，社会の期待と利用者の要求を基本的なよりどころとして職務を遂行する。

　図書館は社会の期待と利用者の要求の上に成立する。そして，ここから国民の知る自由の保障という図書館の目的も，またすべての国民への資料提供という基本機能も導き出される。したがって，図書館へのあらゆる期待と要求とを的確に把握し，分析し，かつ予測して，期待にこたえ，要求を実現するように努力することこそ，図書館員の基本的な態度である。

　（利用者に対する責任）
　第2　図書館員は利用者を差別しない。

　国民の図書館を利用する権利は平等である。図書館員は，常に自由で公正

で積極的な資料提供に心がけ，利用者をその国籍，信条，性別，年齢等によって差別してはならないし，図書館に対するさまざまな圧力や干渉によって利用者を差別してはならない。また，これまでサービスを受けられなかった人びとに対しても，平等なサービスがゆきわたるように努力すべきである。

第3　図書館員は利用者の秘密を漏らさない。

図書館員は，国民の読書の自由を保障するために，資料や施設の提供を通じて知りえた利用者の個人名や資料名等をさまざまな圧力や干渉に屈して明かしたり，または不注意に漏らすなど，利用者のプライバシーを侵す行為をしてはならない。このことは，図書館活動に従事するすべての人びとに課せられた責務である。

（資料に関する責任）

第4　図書館員は図書館の自由を守り，資料の収集，保存および提供につとめる。

図書館員は，専門的知識と的確な判断とに基づいて資料を収集し，組織し，保存し，積極的に提供する。そのためには，資料の収集・提供の自由を侵すいかなる圧力・検閲をも受け入れてはならないし，個人的な関心や好みによる資料の収集，提供をしてはならない。

図書館員は，私的報酬や個人的利益を求めて，資料の収集・提供を行ってはならない。

第5　図書館員は常に資料を知ることにつとめる。

資料のひとつひとつについて知るということは決して容易ではないが，図書館員は常に資料を知る努力を怠ってはならない。資料についての十分な知識は，これまでにも図書館員に対する最も大きな期待のひとつであった。図書館に対する要求が飛躍的に増大している今日，この期待もいちだんと高まっていることを忘れてはならない。さらに，この知識を前提としてはじめて，潜在要求をふくむすべての要求に対応し，資料の収集・提供活動ができることを自覚すべきである。

（研修につとめる責任）

第6　図書館員は個人的，集団的に，不断の研修につとめる。

図書館員が専門性の要件をみたすためには，①利用者を知り，②資料を知

り，③利用者と資料を結びつけるための資料の適切な組織化と提供の知識・技術を究明しなければならない。そのためには，個人的，集団的に日常不断の研修が必要であり，これらの研修の成果が，図書館活動全体を発展させる専門知識として集積されていくのである。その意味で，研修は図書館員の義務であり権利である。したがって図書館員は，自主的研修にはげむと共に研修条件の改善に努力し，制度としての研修を確立するようつとめるべきである。

（組織体の一員として）
第7　図書館員は，自館の運営方針や奉仕計画の策定に積極的に参画する。

　個々の図書館員が積極的な姿勢をもたなければ，図書館は適切・円滑に運営することができない。図書館員は，その図書館の設置目的と利用者の要求をよく理解し，全員が運営方針や奉仕計画等を十分理解していなければならない。そのためには，図書館員は計画等の策定にたえず関心をもち，積極的に参加するようつとめるべきである。

第8　図書館員は，相互の協力を密にして，集団としての専門的能力の向上につとめる。

　図書館がその機能を十分に果すためには，ひとりの図書館員の力だけでなく，職員集団としての力が発揮されなければならない。このためには，図書館員は同一職種内の協調と共に，他職種の役割をも正しく理解し，さらに，地域及び全国規模の図書館団体に結集して図書館に働くすべての職員の協力のもとに，それぞれの専門的知識と経験を総合する必要がある。図書館員の専門性は，現場での実践経験と不断の研修及び職員集団の協力によって高められるのであるから，図書館員は，経験の累積と専門知識の定着が，頻繁すぎる人事異動や不当配転等によって妨げられないようつとめるべきである。

第9　図書館員は，図書館奉仕のため適正な労働条件の確保につとめる。

　組織体の一員としての図書館員の自覚がいかに高くても，劣悪な労働条件のもとでは，利用者の要求にこたえる十分な活動ができないばかりか，図書館員の健康そのものをも維持しがたい。適正数の職員配置をはじめ，労働災

害や職業病の防止，婦人図書館員の母性保護等，適切な図書館奉仕が可能な労働条件を確保し，働きやすい職場づくりにつとめる必要がある。

　図書館員は図書館奉仕の向上のため，図書館における労働の独自性について自ら追求すべきである。

　　（図書館間の協力）
　第10　図書館員は図書館間の理解と協力につとめる。

　図書館が本来の目的を達成するためには，一館独自の働きだけでなく，組織的に活動する必要がある。各図書館は館種・地域・設置者の別をこえ，理解と協力につとめるべきである。図書館員はこのことをすべて制度上の問題に帰するのでなく，自らの職業上の姿勢としてとらえなければならない。図書館間の相互協力は，自館における十分な努力が前提となることを忘れてはならない。

　　（文化創造への寄与）
　第11　図書館員は住民や他団体とも協力して，社会の文化環境の醸成につとめる。

　図書館は孤立した存在であってはならない。地域社会に対する図書館の協力は，健康で民主的な文化環境を生み出す上に欠くことができない。他方，この文化環境によって図書館の本来の機能は著しい発達をうながされる。

　図書館員は住民の自主的な読書運動や文庫活動等をよく理解し，図書館の増設やサービス改善を求める要求や批判に，謙虚かつ積極的にこたえなければならない。さらに，地域の教育・社会・文化諸機関や団体とも連携を保ちながら，地域文化の向上に寄与すべきである。

　第12　図書館員は，読者の立場に立って出版文化の発展に寄与するようつとめる。

　出版の自由は，単に資料・情報の送り手の自由を意味するのではなく，より根本的に受け手の知る自由に根ざしている。この意味で図書館は，読者の立場に立って，出版物の生産・流通の問題に積極的に対処する社会的役割と責任をもつ。また図書館員は，「図書館の自由に関する宣言」の堅持が，出版・新聞・放送等の分野における表現の自由を守る活動と深い関係をもつことを自覚し，常に読者の立場に立ってこれら関連諸分野との協力につとめる

べきである。

　日本図書館協会は，わが国の図書館の現状にかんがみこの倫理綱領を作成し，提唱する。本協会はこの綱領の維持発展につとめると共に，この綱領と相いれない事態に対しては，その改善に向って不断に努力する。

綱領の解説

　この倫理綱領は,「図書館の自由に関する宣言」によって示された図書館の社会的責任を自覚し,自らの職責を遂行していくための図書館員としての自律的規範である。

1　倫理綱領の性格

「図書館の自由に関する宣言」と「図書館員の倫理綱領」

　「図書館の自由に関する宣言」(以下「自由宣言」)はまず,図書館が国民の中で果たす社会的役割と任務として「基本的人権のひとつとして知る自由を持つ国民に,資料と施設とを提供することをもっとも重要な任務」(前文)とし,その内容を具体的に展開して,第1　資料収集の自由,第2　資料提供の自由,第3　利用者の秘密を守る,第4　すべての検閲に反対　の各条項をかかげ,団結によって自由を守ることをもって結びとしている。

　この「自由宣言」を発表したことで,図書館と図書館員は,自らの役割を自覚し,その任務を遂行するという責任を社会に対して負ったことになる。この責任は大きい。個人の献身や一館内の努力ばかりで果たし得るものではない。図書館という機関と図書館員という集団とが共通の考え方を確認し,協同してこの責任を負っていかなければならない。この内,個人および集団としての図書館員の共通の考え方をまとめたものが「図書館員の倫理綱領」(以下「倫理綱領」)であって,日常の図書館活動と社会の中での図書館という大きな展望との中での図書館員の内容の充実をはかり,職責を明らかにし,その姿勢をただして責任を果たし,社会の期待に答えることを目標とするものである。したがって「自由宣言」は,自由の侵害へのおそれを契機として社会に対して発表

したものであり,「倫理綱領」はそれを内から支えるものであって,この点から表裏一体と表現されるのである。

専門性の指向

内から支えるといっても,図書館員の間での内輪の了解事項という意味ではない。「自由宣言」が図書館運営のあり方についての決意を国民に表明したのに対して,「倫理綱領」は図書館員のあり方について,その到達目標を国民に約束したのである。この,「目標に向かって努力する」という約束とその努力は,図書館の利用者層の拡大とともに,図書館に専門職である司書を置いてほしいという利用者の切実な声としても表面化している。

例えば,1996年に東京23区の区議会議員に行ったアンケートでも,何らかの形で「司書を配置することが望ましい」と答えた議員が90.3％にも及んでおり[1],「東京の図書館をもっとよくする会」は,司書率が極端に低い東京23区の図書館に,司書職制度の確立を目指して活動を続けている。われわれはこうした声にこたえて,信頼されるに足る図書館を作り上げるべく常に努力する必要がある。

利用者からの,図書館員への仕事を通しての信頼感こそが,図書館員の仕事を専門職と認める客観条件を生む。図書館員だけが声を大にして専門性を主張しても,利用者からの信頼が得られなければ,第三者の目には図書館員の自己満足か地位向上の要求としか映らないであろう。日本文庫協会の設立（1892）以来,われわれの先人たちは事ごとに図書館員の専門性を主張してきながら未だにその目標に達しないというのは,社会の中で図書館の有効性が十分に発揮されず,集団としての図書館員のイメージが利用者の間に確立していないことにも理由が求められよう。「倫理綱領」は,図書館員に対する信頼を生むという方向を歩むことによって,将来,図書館員を専門職と認める制度——図書館員として働く意欲と適性と能力とを持った人が図書館に職を得,定着して働き,成長して行ける制度——の確立に,大きく寄与するものである。

1）司書の採用・配置を願って－東京23区議への「図書館と司書に関するアンケート」にみる　図書館員の問題調査研究委員会関東地区小委員会　図書館雑誌　91-2 (1997.2) p.112～115

2 「倫理綱領」はだれのものか

すべての図書館員のもの——館種を問わない

　「倫理綱領」は，すべての図書館員のものであって，館種の別は問わない。これは，「自由宣言」がすべての図書館にかかわるのと同様であり，「自由宣言」を内から支えるという「倫理綱領」の役割からしても当然である。しかし，「倫理綱領」の中の国民とか社会という用語が大学図書館や学校図書館の人びとに違和感を生む場合もあり，また，専門図書館には適用し難いという意見もないわけではない。これは，すべての館種に共通な意味と語感とを持った用語が意外に少ないことにもひとつの理由が求められるし，また，各館種間の条件の相違も大きな理由であろう。半面，「倫理綱領」に含まれる事柄は，図書館の違いにもかかわらず，図書館員としてのわれわれに共通なものであるはずである。語感や条件の相違を越えて，個々の状況に応じた「倫理綱領」の解釈を積みあげていきたい。

すべての図書館員のもの——館内の地位・職種・雇用形態・資格の有無を問わない

　図書館に働くすべての館員のものとは，地位・職種・資格の有無・正職員と臨時職員あるいは派遣や委託先の職員などの区別なく，全部の人のものということである。この人たちはすべての人の学ぶ権利・知る権利を守るために働く人びとであり，利用者から見て，図書館を代表する人びとである。職務や職責にさまざまな違いがあるとしても，「倫理綱領」に示された図書館員としての考え方を共有すべき人びとなのである。

　地位を問わないと言いながらも，館長の理解とすぐれた指導力に言及（前文解説1）したのは，一つの機関の責任者として利用者と社会とに果たすべき役割の大きさがまず第一の理由であって，英米の図書館員の倫理綱領には特にこの条項の強調が目立つ。しかし，この「倫理綱領」ではそればかりでなく，各館種において必ずしも司書有資格者が館長に任命されないという現実をふまえて，この条項をここに含めた。つまり「自由宣言」と「倫理綱領」とは，館長およびすべての構成員が図書館員としての考え方を共有するために，読み，話

し合い，そして実践すべき共通の指針なのである。

他の規定・信条との関係
　館種や地位以外に，なお次の問題が残るかも知れない。それは，官庁・地方公共団体その他の服務規定，私立学校の建学の精神，さらには政治上・宗教上の信条など，図書館員である以前に守らなければならない規律がある。それと「倫理綱領」とは矛盾しないかどうかという疑問である。これに対しては次のように答えられよう。
 (1)　「倫理綱領」は図書館員としての考え方や行動を図書館員自らが規定するものであって，個人としての信条や考え方を束縛するものではない。むしろ，個人としての相違を認めた上で，図書館員としての共通性を求めたものである。
 (2)　服務規定は，国・地域・各団体等において全体への奉仕者としての立場を規定したものであり，やはり全体への奉仕者としての立場を追及している「倫理綱領」と本質的に矛盾することはない。もし矛盾や対立が生まれるとすれば，それはさまざまな状況に対応するための解釈の相違，もしくは，図書館員と他の職場との性格の相違によると考えられる。そのような相違が生まれた場合の図書館員としてのわれわれのよりどころが「倫理綱領」であり，「全体への奉仕者の中での図書館員」という立場を，矛盾や対立を契機として周囲に理解してもらうための手がかりでもある。いたずらな対立を生むための綱領ではなくて，われわれが自らの職責をより深く追求し，他からの理解をより広げて行くための「倫理綱領」なのである。
 (3)　私立学校の建学の精神は，その学校設立の理念を示したもので，他の学校とは異なる独自の考え方を表明している。したがってそこに勤務する人びとは，公務員に求められるものとは異なる立場を要求されるかも知れない。しかし，どんなに独自な考え方であっても，学校という社会的存在を設立するからには，建学の精神もまた普遍性に立脚すると言えるであろう。「倫理綱領」もまた図書館員という職業人に共通な考え方を社会とのつながりにおいて求めようとするものであるから，その普遍性において建学の精神と同様な性質を持ち，互いに矛盾することはないと考えられる。もし

矛盾や対立が生まれるとすれば、それは解釈上または職務の性格上のものであって、前項の公務員の場合と同様に考えられるのではないだろうか。

仲間の人びと

　利用者に対して資料を提供するのは図書館員だけではない。官庁・会社・その他教育・研究機関で、図書係、文書係あるいはその他の名称の下に資料の提供に当たる常勤または非常勤の人びともある。また、公民館・児童館等で働く人、移動図書館のステーションや配本所のボランティア、地域文庫にかかわる人びとなどがある。こういう人びとは普通図書館員と呼ばれてはいないが、しかし図書館員から見れば、資料提供という共通の仕事にたずさわる仲間である。図書館員がどんな目標を持ち、どんな考え方で仕事を進めようとしているか、この「倫理綱領」を通してまず仲間の人びとの理解を求めるとともに、仲間としてのきびしい批判を期待したいと思う。すでに「児童図書館員は、目先のことだけに追われ、そこだけしか見ないのでなくて、灯台のように遠くを照らすことを忘れないで欲しい」「専門職として…子供達を知る努力を続けてほしいのです。…名前も知らず、貸本屋と何ら変らない方法で、いかにして子供たちの成長を知ろうとするのか不思議でさえあります。」という意見が、以前に家庭文庫を開き、その後市立図書館のパート職員として働いた母親によって述べられている[1]。また、司書教諭の資格で図書館に配属された一職員は、上司から資格をとるように言われているが12名中3名の「有資格者の仕事ぶりを見ていると、資格が本当に必要かなと思う。」と指摘している[2]。こうした批判を受けてわれわれが自らをかえりみ、努力を重ねることによって、はじめて仲間の人びとととの協力関係が築かれ、われわれの国の読書環境が豊かになり、その中での図書館員の専門職化も期待できると言えるであろう。

3　「倫理綱領」の内容

1) シンポジウム　図書館員形成を考える　図書館界153号（28－6　1977.3）p.223～224　発表(1)長谷敏子
2) 第17回親子読書センター高尾山集会　図書館運動をどう進めるか　親子読書運動　30号（1980.4）p.34

条文の根拠

　各条文の内容は，わが国の図書館の日常の実践の中から生まれたものをまとめたものであって，単に，かくあるべしという理念のみを条文化したものでもなければ，外国の綱領の翻訳でもない。これは，1980年の全国図書館大会での府中市立図書館（東京都）の事例発表のように，「倫理綱領」の発表以前に10年以上にわたってそれと一致した日常の図書館奉仕の実態があることからも証明されるであろうし，同様な実例は各館の実践の中で容易に見いだすことができよう。しかも，この「倫理綱領」の基本的な考え方は，1960年代後半からのわが国の図書館にのみ特有なものではない。『子どもと本の世界に生きて』（アイリーン・コルウェル著　石井桃子訳　こぐま社）を読み，かつ「倫理綱領」を読んだ一学生が，「コルウェルさんは倫理綱領の実践者だ」と述べたのは，この点をついたものということができよう。

自律性

　この「倫理綱領」は前述（p.12）のように，「このような共通の目標と原則とを立てて働きます」ということを，図書館員自らが利用者に対し，国民に対して誓約したものである。したがって，自ら規定し，自らそれに従うものであって，従い得なかったとしても罰則はない。イギリス図書館協会の制定した「図書館員の行動規定」には，「（行動規定）に基づく審査申し立ては，……だれでもすることができる。……申し立てをするべきだと考えたら……協会に送付されたい」という項目がある。しかし，われわれはむしろ自分自身の職業上の良心と，利用者からの厳しい批判を受けての自律的な努力に期待したい。

構　成

　「倫理綱領」の構成は，個人の守るべき倫理規定を基礎とし，徐々に範囲をひろげて社会における図書館員の任務に至っている。すなわち，

　　　　図書館員の基本的態度　　　　　　　　第1
　　　　個人の倫理規定
　　　　　利用者に対する責任　　　　　　　　第2，3
　　　　　資料に関する責任　　　　　　　　　第4，5

研修につとめる責任	第6
組織体の一員として	
運営方針や奉仕計画の策定への参加	第7
集団としての専門的能力の向上	第8
適正な労働条件の確保	第9
図書館間の協力	第10
文化創造への寄与	
社会の文化環境の醸成	第11
出版文化の発展への寄与	第12

　このように第1から第12まで範囲をひろげながら連続し，また互いに連携しあってひとつのまとまりを構成するものであり，ひとつひとつが分離した条項ではない。したがってこの「倫理綱領」を検討し理解される場合には，個々の条文の内容ばかりでなく，全体を通しての連続と，関係条文間の連携とに特に留意されることを望みたいと思う。

（図書館員の基本的態度）
第1　図書館員は社会の期待と利用者の要求を基本的なよりどころ
　　として職務を遂行する。

図書館設置の根拠
　「倫理綱領」の最初の条文は，まず図書館成立の基盤と，図書館員の職務遂行のよりどころとを，社会の期待と利用者の要求とに求め，「倫理綱領」全体の基本的な考え方をここに示している。
　図書館開設の法的根拠は，図書館法および各自治体の条例，学校教育法施行規則[1]，学校図書館法，大学設置基準，国立国会図書館法等に求められるが，

1）学校教育法施行規則　昭和22・5・23　文部省令11
　　第一章　総　則
　　　第一節　設置廃止等
　　　第一条〔学校の施設設備と位置〕　学校には，その学校の目的を実現するために必要な校地，校舎，校具，運動場，図書館又は図書室，保健室その他の設置を設けなければならない。

しかしこれらの法律があってはじめて図書館が成立するのではなく，図書館に対する社会の期待と利用者の要求とが法律を成立させたと考えられる。したがって図書館の目的（＝到達目標）は，この期待と要求とに的確にこたえることにあり，それを基本的人権とのかかわりにおいて具体的に表現したのが「知る自由の保障」なのである。この目的を実現するための基本的な機能が資料提供であり，資料を収集し，組織し，保存し，提供することは，基本的なはたらきを実現するための実際的な活動である。

図書館の理論的根拠
　この，目的－機能－活動という系列であらわされる図書館業務をより充実したものにするためには，図書館員は，図書館への期待と要求の的確な把握と分析および予測を行わなければならない。そのためには，図書館学の構築と関連分野の仮説，理論，法則の導入とが必要であって，図書館員養成の根拠もここに求められるし，その結果たしかな学問的根拠の上に成立する専門職という図書館員像も生まれてくる。
　要するに，図書館の実務においても，その理論的基盤においても，現在および将来の利用者と社会との期待と要求とにこたえようと努力することこそ図書館員の基本的態度なのである。

（利用者に対する責任）
第2　図書館員は利用者を差別しない。

　すべて国民が人種，信条，性別等に関係なく法の下に平等であることは，すでに憲法第14条に明らかなところであるが，図書館利用に関しても，「自由宣言」の前文・副文5で，「すべての国民は，図書館利用に公平な権利をもっており，人種，信条，性別，年齢やそのおかれている条件等によっていかなる差別もあってはならない。外国人にも，その権利は保障される。」と規定されている。ここでは，こうした図書館利用に関する国民の基本的な権利を保障するために，図書館員がいかなる理由があろうとも利用者を差別することがあって

はならないことを規定したものである。

年齢制限の撤廃

　副文では「利用者をその国籍，信条，性別，年齢等によって差別してはならない」としているが，ここに年齢を明記することには疑義があるという意見が，審議の段階で相当強く出された経緯がある。理由は，設置目的や運営方針その他によって，年齢制限を実施している図書館が現実にあること，および公立図書館においてすら，今なお実質的な年齢制限が行われている場合があることなどを考慮にいれると，現時点で倫理綱領に「年齢制限撤廃」を明示することには無理があるのではないか，という現実的な配慮による。しかし論議の結果，倫理綱領は単なる現実是認のテーゼに終わってはならない，そうした現実に立脚しながらも，図書館員のあるべき姿は明確に提示しなければならないし，ここでも，いかなる形でも利用者を差別しないという図書館奉仕の原則は明示すべきであろう，という結論に達した。

　本来だれに対しても開かれているはずの公立図書館において，いささかなりと年齢制限が加えられていること自体，望ましい姿ではない。また，設置目的や運営方針等により年齢制限を実施している図書館においても，図書館協力やネットワークの形成により，図書館サービス総体としては全住民に等しく開かれているような組織的なサービス形態が追及されねばならない。そしてそのためには，個々の図書館は組織の1単位としての役割を果たすよう努力しなければならないし，また可能な限りあらゆる制限を廃していく方向で運営がなされなければならない。

　こうした趣旨から，利用者制限の最も身近なあらわれである年齢制限についても，当然撤廃の方向で対処していくべきであるとして，排除されるべき差別要因の一つに「年齢」を加えることとした。

さまざまな圧力や干渉

　「図書館に対するさまざまな圧力や干渉」というのは，「自由宣言」副文にいう「一時的な社会的要請，個人・組織・団体からの圧力や干渉」とまったく同じ意味である。それらの圧力や干渉に図書館員が屈し，その結果，図書館利

用や資料提供の面で利用者を差別することがあってはならない，という意味である。

なお上記「組織」の中には，「国の機関や地方行政機関などいわゆる公権力を含む」[1] ことも，『自由宣言・解説書』[2] 指摘のとおりである。

これまでサービスを受けられなかった人びと

従来の図書館サービスの方法やサービス網の整備状況では，サービスを受けるのに障害のあった人びとのことを，副文ではこのように表現した。この中には，例えば身体に障害のある人びとや，施設入所者，外国人，高齢者なども含まれる。

「ユネスコ公共図書館宣言（1994）」では「公共図書館のサービスは，年齢・人種・性別・宗教・国籍・言語，あるいは社会的身分を問わず，すべての人が平等に利用できるという原則に基づいて提供される。理由は何であれ，通常のサービスや資料の利用ができない人々，たとえば言語上の少数グループ（マイノリティ）・障害者，あるいは入院患者や受刑者に対しては，特別なサービスと資料が提供されなければならない」と述べている。このことは，「図書館とは，すべての住民にとっての学習権・読書権・情報へのアクセス権や知る自由を，平等に保障する機関である」と定義する，図書館サービスの根幹に関わる概念といえる。

サービスの提供にあたっては，この，すべての人にとっての普遍的な権利を保障するために，それぞれの住民固有の条件（地理的なアクセス・身体的障害・日本語の読み書き能力など）を調査し，サービス方法を確立する必要がある。これらの人々が，図書館サービスを享受できないということは，図書館の側の「障害」であり，図書館員は，この「障害」の克服につとめなくてはならない。

すべての図書館が，施設の整備，資料の収集と提供，適切な職員の技術により，サービスの実際面や政策面でも，アウトリーチサービスに一層力を入れることによって，これらの人びとにも十分な図書館サービスがゆきわたるよう努

---

1) 『図書館の自由に関する宣言　1979年改訂　解説』　日本図書館協会図書館の自由に関する調査委員会編　日本図書館協会　1987　p.23
2) 上記解説書を以後この形で表現する。

力する必要がある。また，すべての図書館員は任務として，行政としての責任を果たすべく努力しなくてはならない。

第3　図書館員は利用者の秘密を漏らさない。

知的自由を守るために

　「自由宣言」第3の「図書館は利用者の秘密を守る」とまったく同じ趣旨の条項である。したがって案作成の段階では，この条項は不要ではないかという意見も出されたが，慎重な審議の結果，結局掲げることとした。理由は，機関としての図書館が社会に向けて誓約した「自由宣言」を，日常業務の中で具体的に実践していくのは個々の図書館員でなければならないし，特にこの条項は，図書館員の倫理規程として欠くことのできない基本的な重要項目である，という考え方による。

　公務員については，国家公務員法第100条[1]，地方公務員法第34条[2] によって，職務上知り得た秘密を漏らしてはならないという守秘義務が課せられているが，特に，憲法に保障されている思想および良心の自由，表現の自由，学問の自由等，人々の知的自由と深い関わりをもつ業務にたずさわっている図書館にあっては，私立といえどもこの義務を免れない。

　図書館に働くすべての職員が，常に何らかの形でそうした利用者の知的自由に関わる仕事に従事しているのであり，利用者の秘密を知る立場にある。これらの秘密を，外部からの圧力や干渉に屈して明かしてはならないことはもちろん，自己の不注意から無意識に漏らすようなことも絶対にあってはならない。そのためには，図書館員は常に細心の注意を払いながら業務に当たらなければならない。

図書館活動に従事するすべての人びと

　以上述べてきたことは，一般事務や司書業務に従事する職員，運転手や機械

---

1 ）国家公務員法　第100条（秘密を守る義務）　職員は，職務上知ることのできた秘密を漏らしてはならない。その職を退いた後といえども同様とする。
2 ）地方公務員法　第34条（秘密を守る義務）　職員は，職務上知り得た秘密を漏らしてはならない。その職を退いた後も，また，同様とする。

技師等の技術職員ばかりでなく,臨時職員を含むすべての職員にも要請される重要な責務である。さらに,職員だけでなく,電算機処理,複写業務等を外部の業者に委託する場合,それらの従業員にもこの趣旨は周知徹底されていなければならない。したがって業者との契約に当たっては,事前に十分にこの条項を説明し,その完全な履行を前提として契約を結ぶよう心がける必要がある。

利用者のプライバシー

　利用者の秘密ないしは利用者のプライバシーの具体例として,『自由宣言・解説書』は次のように述べている[1]。

　個人が図書館を利用することで,図書館が知りうる事実として
(1)　利用者の氏名,住所,勤務先,在学校名,職業,家族構成など
(2)　いつ来館（施設を利用）したかという行動記録,利用頻度
(3)　何を読んだかという読書事実,リクエストおよびレファレンス記録
(4)　読書傾向
(5)　複写物入手の事実

などがあげられる。いずれも利用者のプライバシーに属することであり,これらの事実は,本人の許諾なしには,他の人にたとえ保護者・家族であっても知らせたり,目的外に使用することは許されない。

　このほか同解説書は,「利用者の秘密を守る」ことに関連して,「読書事実」「貸出記録の保護」「法令との関係」等7項目にわたって詳細な解説を施している[2]。そしてそれぞれの内容は,倫理綱領の本条項の趣旨にもまったく合致するものであるから,この条項の理解に当たっては,同解説書の該当部分をもぜひ併読して参照されるよう,特にお願いしておきたい。

（資料に関する責任）
第4　図書館員は図書館の自由を守り,資料の収集,保存および提供につとめる。

1)『自由宣言・解説書』p.29
2) 同上　p.29～33

前文の副文1の冒頭で,「この綱領は,『図書館の自由に関する宣言』と表裏一体の関係にある。」と述べたが,そのことが最も端的に,具体的に示されているのがこの条項である。「記録された知的文化財を収集・組織・保存して利用に供する社会機関である」[1] 図書館の基本的機能を遂行するには,図書館員が「自由宣言」の精神を遵守し,資料の選択,収集,組織,保存,提供につとめなければならない。そしてそれを可能にするのは,個々の図書館員の図書館員としての職責の自覚と,その具体的蓄積としての専門的知識であり,それらに基づく的確な判断でなければならない。

保存について

「保存」については,「収集」に含めて考えることとし,特に別出する必要はないのではないか,という意見も当初出されたが,検討の結果,以下に述べるような理由により,別に明記することとした。すなわち,人類が蓄積してきた知的文化財としての図書その他の資料を保存し,継承していくことは,全人類の次代に負うべき責務であるが,それはまた図書館員の社会的な職業上の責務にほかならない。

秦の始皇帝の焚書坑儒や第二次大戦下のドイツにおけるナチズムの焚書事件にまつまでもなく,われわれの身近にもこれに類した事件は数多くあったといえる。例えば,戦前戦中の図書館で,当時の特高警察や憲兵隊に図書館員たちがいかに苦しめられたか,また彼らの不当な指示から自館の蔵書を守るのにいかに苦労したか,記録に残された事例は枚挙にいとまがないほどである。戦時下の東大図書館では,「特高警察による思想弾圧のおかげでもって,ロシア語で書かれた図書はすべて利用に供せられることが禁じられ,それらは書庫から引きぬかれて,その目録カードとともに,館内奥深くかくされていた。」[2] そして「戦後しばらくたって,これらの移動された図書はもとへもどされたが,いったん除籍されたロシア本は20年たっても本来の姿には返され」[3] ない状態だったという。

また戦時中に堺市立図書館長をつとめていた田島清は,ある日憲兵の上等兵

1)『図書館ハンドブック』増訂版(日本図書館協会 1960)に示された図書館の定義。
2),3)敗戦前後に東大図書館にいて 男沢淳 図書館雑誌 59-8 (1965.8) p.286〜289

か伍長の来訪をうけ,『日本地理風俗大系』について,「こういう地理文献は防諜上害があるから押収する」と言われた経験をもつという。「私はただちに憲兵の申出を拒否して,図書館の文献を防諜上公開してはならぬなどといった問題は一憲兵の云々すべきことにあらず,必要とあらば陸軍大臣と文部大臣の間で交渉の上決すべきものである,当方としては文部大臣の指令がないかぎり貴官の命に服することはできぬと主張した。憲兵は不満そうな顔をしたが,強いてどうしようとも言わずに立ち去った。」[1] とその回想録に記している。戦時のあの過酷な状況下にあって,憲兵の言い分をそのままうのみにせず,はっきりと拒絶した田島の毅然たる態度は,図書館専門職としての一見職として評価されるべきである。

　これら過去の事例からわれわれが学ぶべきことは,資料を保存するということは,時には「体を張って」でも自館の蔵書を守り抜くことだ,ということである。そしてそれこそが,図書館員が社会から信託を受けている職責なのである。なぜなら資料保存とその継承を直接の職務とする職業集団は,現代社会において図書館員以外には考えられないからである。

　また『自由宣言・解説書』は,『チャタレー夫人の恋人』について,1957年の最高裁ではわいせつ文書の判決を受けたが,20余年後の1979年3月,東京高裁の『四畳半襖の下張』判決理由の中では,「伊藤整訳『チャタレー夫人の恋人』や渋沢龍彦訳『悪徳の栄え（続）』などの文書が現時点においてなおわいせつと断定されるかどうかについては多大の疑問がある」と述べられていることを指摘している。このような例からも明らかなように,図書の内容をどう評価するかは社会の変動に応じて変わっていくものである。したがって,仮に一時的に利用を制限せざるをえない資料があったとしても,図書館員はそれを直ちに廃棄することがあってはならない。むしろ人々のあらゆる資料要求にこたえるためには,それらの資料をも将来の利用にそなえて積極的に保存しておく必要がある。さらに,こうした心がまえと共に,出版物に対する働きかけや表現の自由を守る運動等にも,自ら進んで参加していく姿勢が,図書館員には要請される[2]。保存は,後述の「資料を知る」こととも不可分である。入手困難

1）『回想のなかの図書館』田島清　広文堂　1975　p.184
2）第12の解説をも参照のこと。

となった貴重な資料を，それとは知らず廃棄するようなことがあってはならない。図書館員はまた，資料の劣化を防ぐことにつとめる。

検閲について

　検閲とは，今日では単に「公権力によって，外部に発表さるべき思想をあらかじめ審査し，必要があるときは，その発表を禁止すること」(宮沢俊義『日本国憲法』）だけでなく，「特定の著作または特別の種類の著作の排除を目的とする団体活動，あるいは著作の出版後その利用可能性を制約しようとする団体活動」（W．ゲルホーン著，猪俣幸一ほか訳『言論の自由と権力の抑圧』）をも広くは含むものと解されるようになってきつつある。図書館員は，これらすべての検閲に強く反対しなければならない。そうすることが結局は図書館員としての基本的な職務である資料の保存にもつながっていくのである。

　表にあらわれるこうした検閲に反対するばかりでなく，各自治体の青少年保護育成条例等による「有害図書」の取り扱いについても，図書館員は慎重でなければならない。また社会的に影響力の大きい組織や団体から図書館に寄せられる圧力を，図書館員は受け入れてはならないことはいうまでもないが，それを恐れての自己規制があってはならないこともまた同様である。必要以上の自己規制は，やがてはいわゆる焚書坑儒につながっていきかねないことを銘記すべきである。

　これらの検閲や圧力に関しての考え方については，前出の『自由宣言・解説書』にくわしいので，本条項についても同書を参照されたい。

個人的な関心や好み

　「個人的な関心や好みによる」とは「個人の恣意による」と解してほしい。資料の選択・収集は，個々の図書館員を構成要素とする専門職集団の意思に基づいて行わなければならないが，その際，個々の図書館員の一般的な教養や専門的な知識が基盤になることはいうまでもない。ただその場合，個人が恣意的に自己の関心や好みを強く前面に押し出すことは厳に慎まねばならない，という意味である。

　具体的には，基本的な収集計画に優先して好事家的な好みによる選書が行わ

れたり，公共図書館においてあまりにも専門的すぎる選書が行われたり，さらに，館長の好みや，大学図書館にあっては一部の熱心な教授の好みにより収集傾向の違いが生じたりするようなことがあってはならないということである。

　資料の提供についても，あくまでも利用者の自主的な要求にこたえての提供でなければならず，図書館員の押しつけがあってはならない。

私的報酬や個人的利益

　「私的報酬や個人的利益を求めて」というのは，それらを期待したり，あるいは暗黙の了解のもとに，という意味も含まれる。図書館員が，特定の個人や機関・団体の独占的利用を予想して，特定の資料を収集し，提供することにより，その結果として，金銭的報酬を受けとるようなことがあってはならない，ということである。

　倫理綱領にこのことを明記する必要はないという意見もあったが，過去にこうした事例がないではなかったし，今後も情報化社会における需給の拡大から，そうした事例が想定されないでもないという考えから，あえて記述しておくこととした。またこの条項には，移動図書館駐車場での湯茶接待や，館内カウンターへの生花飾りつけなど，利用者の純然たる善意や好意によるものは含まれないことはいうまでもない。

　なおこれに類した条項は，アメリカ図書館協会（ALA）の「倫理綱領」や，イギリス図書館協会（LA）の「図書館員の行動規定」でも，主文中に1項目として挙げられていることを付記しておきたい（巻末付録参照）。

第5　図書館員は常に資料を知ることにつとめる。

広範な資料を知る

　通常言われている図書館資料とは，その館の収集方針にしたがって，収集し，組織して，利用者に提供する資料のことである。ここでいう資料とは，収集以前の資料および，さまざまな図書館によって集積されている資料の総体[1]を指

---

1) 日本図書館協会「公立図書館の無料原則についての見解」1998年8月4日 『図書館年鑑1999』
　p.292～294

す。

　「自由宣言」の副文でうたわれている「国民のあらゆる資料要求にこたえる」ため，また潜在要求をも察知するためには，広範な資料に対する知識を必要とするからである。こうした広範な資料に対する知識があって，初めて「資料収集の自由」も「資料提供の自由」も可能になるのである。これが資料をよく知ることを，図書館員の専門性の，もっとも基本的な要件の一つとする根拠である。しかも，資料についての十分な知識は，図書館員に対する利用者の最も大きな期待の一つでもある。

資料を知ることは収集・提供の基礎

　図書館資料の選択は，その図書館の性格を左右する。資料の除籍も同様である。図書館利用者の要求が広がり，出版点数は増大し，さらに新しい形態の資料が次々に加わってくる一方，図書館は資料費予算の削減，書庫スペースの狭隘など，厳しい条件のもとで課題を果たさなければならない。図書館資料を構成するために，以前にも増して図書館員の経験と専門的な力量が要求されている。

　外国では，図書館の専門職員の中に特に図書館資料について専門の職を設けたり，図書館専門職員と別に資料専門員（bibliographer）が配置されたりする例もあるが[1]，わが国ではまだそのような条件は乏しい。公立図書館では，日常利用者と接している図書館員が組織的に選択・収集にあたる必要があるので[2]，「資料を知る」ことは不可欠である。

　一口に「資料を知る」といっても，館種の相違や，規模，立地条件によって，大きな差異がある。そこでまず第一に自館の収集方針や選択基準などを十分に理解した上で，それらの方針や基準に関連する資料を知ることであるが，その外の資料についても，決して無関心であってはならない。

　こうした知識が，図書館間の協力（第10）の場で，実質的な基礎となり，人々

---

1) 『ALA蔵書の管理と構成のためのガイドブック』　小川徹・河井弘志監訳　日本図書館協会　1995
2) 『公立図書館の任務と目標解説　増補改訂版』　日本図書館協会図書館政策特別委員会編　日本図書館協会　2000

の求めるあらゆる資料を，必ず提供することができる素地となるであろう。

資料を知るために

わが国では資料の利用についての概説書はあっても，資料そのものについての，種別や特性にふれた系統的な手引書は極めて少ない。したがって，資料を知るためには，一般的に，基本的な書誌類や参考図書を使いこなす力量を身につけるとともに，独自の工夫と努力が要求されるであろう。

それは現実には，館種や利用者，主題分野によって違いがある。児童図書館員は，適切な指導を行うためには，3000冊位の児童書を読む必要があるといわれているし，専門図書館員は，その主題分野の歴史や展望を知った上で，それに応ずる最新の資料の知識が要求されるであろう。だが，こうした相違は，単純に専門性の質の高低を意味するものではないことを明記しておく。

また，移り変わりのはげしい社会情勢，学問分野の細分化や統合発展の活発な動向などに応じて，増え続ける新資料に対しては，流通過程のはらむ諸問題（第12参照）にも，十分に注意をはらう必要がある。同様の注意は，入手が困難な古書や地方出版物の市場にもそそがれなければならない。

なお，「資料を知る」ためには，日常不断の研修が必要であることを付記しておく（第6参照）。

資料を知ることと情報管理

近年，図書館の機械化が重視され，特に目ざましい発展を見せている情報管理の分野との関連について，さまざまな見解が提起されている。情報管理や情報検索は，もともと資料の内容としての情報を，比較的少数の専門研究者のために，特定の主題領域を守備範囲とする専門機関によって開発されてきたものである。図書館がそうした技術を導入するのは当然である。だが，情報管理では，資料そのものではなく内容である情報，例えば，雑誌論文のように，資料としての雑誌の一部分のみを対象とする場合が多いことを考慮しなければならない。図書館は資料それ自体を蓄積し，提供することを基本とするものであるからである。したがって，情報管理や情報検索の技術面だけに精通しても，そのままでは「資料を知る」ことにつながらないことに留意すべきである。

（研修につとめる責任）
第6　図書館員は個人的，集団的に，不断の研修につとめる。

研修の必要性

　図書館員はその専門性を保つために，①社会情勢の移り変わりに応じて，また学問の進歩発展に応じて，変化し多様化する利用者の潜在要求をも察知し，②時々刻々に増え続ける多種多様な資料を知り，③それらの資料と利用者の要求とを結びつけなければならない。また過去の図書館の蓄積の上に立って，業務の基本的な考え方をいっそう発展させ，適切な新しい知識や技術を，常に修得する必要がある。それを可能にするには，不断の研修が必要なのであり，それはまた図書館員に課せられた日常の責務でもある。このことは，たとえ養成課程が拡充強化され，司書の資格が高度なものになっても，いささかも変わらない。したがって，研修は，養成課程の補完や図書館学教育の一環としてだけではなく，独自に考慮されるべきものである。

　だが，養成課程に問題の多い現状では，それを補うための研修も，また不可欠なものであることは言をまたないであろう。

研修の現状

　現在実施されている研修の方法はいろいろあり，それぞれの役割を担っている。まず公的なものとしては，文部科学省や地方自治体が主催するもの，一館独自の企画によるものなどがある。これらの研修はそれなりの成果をもたらしているが，まったく問題がないわけではない。たとえば，参加したいものが参加できなかったり，逆に強制的な参加であったり，個人の自主的な意思が軽視される点や，研修の内容が画一的で関心のある問題にそわない，というような批判や不満が出されている[1]。研修を主催する機関は，職場の声を十分に反映するような企画をする必要があるであろう。

1) 大学図書館員の研修について－アンケート集計報告　図書館の窓　10-8（1971.8）p.75（このアンケートから一例をあげると，文部省企画の講習会について，回収数248のうち参加者77名で，そのうち有益だとこたえたものは21名である）

また，図書館員の団体が組織する研修の場も，全国組織や地域別，館種別など，数多く開催されている。この方は自主的な参加が可能であり，館によっては出張扱いになる所もあるが，勤務時間とのかかわりや経済的負担等の理由で，参加できる者は限られている。

自己研修の重要性

　この条項で真っ先にあげてある"個人的"というのは，自らが必要とする知識や技術を，自主的に自らが学ぶ自己研修を強調したものである。「自己研修こそ研修のアルファであり，オメガである」[1]といわれるほど，自主的な個人研修は，数ある研修のうちで基本的なものである。これがなければ，公の研修の場への参加も，受身の形式的なものになり，あまり効果がないであろう。両者は車の両輪となって，初めて知識や技術が蓄積されていくのである。こうした個人研修（職場の自主的で任意なグループ研修も含めて）は，ほとんど勤務時間外に，自身の余暇と経済的負担によって，行われているのが実情である。図書館が，移り変わりのはげしい社会情勢に対応して，その社会的役割を果たすためには，的を射た公の研修とともに，図書館員の自主的な個人研修は必要不可欠なものである。この個人研修が，個々人の専門職意識だけに，まかされていてよいものであろうか。当然ながら，自発的で任意な個人研修に加えて，勤務時間内に，制度として確立されるべきものである。

研修条件の整備と図書館界の責任

　「東京都立中央図書館の専門職員の養成に関する答申」[2]は，現行法下では地方公務員法第39条[3]の適用を受けるが，教育公務員特例法第19条，20条[4]の趣旨が実情に沿うので，運用面ではできうる限り，この特例法で行われるよう

---

1) 図書館員の内部研修について　田沢恭二　図書館界　21-6（1970.3）p.232
2) 東京都立中央図書館の専門職員の養成に関する答申　東京都立日比谷図書館協議会　昭和46年12月6日　ひびや　14-4（1972.3）
3) 地方公務員法
　　第39条 職員には，その勤務能率の発揮及び増進のために，研修を受ける機会が与えられなければならない。
　　　2　前項の研修は，任命権者が行うものとする。
　　　3　人事委員会は，研修に関する計画の立案その他研修の方法について任命権者に勧告することができる。

検討することを要望している。

　図書館員と同じように（準）専門職と捉えられる教員に対しては，その職責を遂行するために絶えず研究と修養に努力する職責を法律が示し，そのための便宜を法律が与えている。図書館員にも公的な研修とともに誰もが自主的に行い得る，こうした法の裏付けのある研修の制度が確立されるべきである。これは，一方で国や地方自治体，または設置主体の責任である。しかし，現代の状況を考えると，これらに加えて図書館界が自ら研修体制を整備していくことが，重要な課題として認識されることが必要であろう。現実には，国や自治体等の実施する研修には参加についての制約など不十分な部分がある。図書館界のものはそうではなく，オープンな参加を保証しかつ高度な専門性を実現する質の高い研修を計画的に企画，実施することが求められるのである。こうした点について，日本図書館協会は研修委員会を中心としてその事業に着手した。これが他館種でも実施，定着することが求められる。

　また，図書館員の異動が激しくなり，資格をもたない職員が図書館で業務をすることを余儀なくされるケースが増えてきている。図書館界は，こうした人たちに対しても，必要最低限の業務が遂行できるような研修を企画，実施することもまた同時に求められているといえよう。

　図書館員の研修の基本はあくまでも自主的な自己研修が基本である。そうした図書館員を取り巻く組織，機関等にはその条件を整備する責務がある。と同時に図書館員には，そうした研修についての環境が整うように努力をすることも求められているのである。

組織体の一員として

　図書館員の専門性の特性の一つは，「個々の図書館員を基礎としながらも，それらを構成要素とした職場集団により組織的に発揮される」[5]ものである。

4）教育公務員特例法
　　第19条　教育公務員は，その職責を遂行するために，絶えず研究と修養に努めなければならない。（以下略）
　　第20条　教育公務員には，研修を受ける機会が与えられなければならない。（以下略）
5）生活環境づくりと図書館　久保輝巳　図書館雑誌　74-7（1980.7）p.338〜341

以下第7，8，9の各条項は，一つの図書館の職場集団における個々の図書館員の責務を述べたものである。

　図書館員が組織体の一員として活動していくには，個々の図書館員がそのことを自覚することが前提となるが，さらにそれを可能にする条件整備や具体的方策が考えられなければならない。以下の3条項に掲げた「運営方針や奉仕計画への積極的参画」「集団としての専門的能力の向上」「適正な労働条件の確保」は，その具体的提示にほかならない。これらの中で特に，集団としての専門的能力を向上させていくには，単に1館内の図書館相互の協力だけでなく，それを基盤として地域ごとの，さらに全国規模の職業集団へと結集し，協力していくことが要請される。同じことはまた，適正な労働条件を確保する運動をすすめていく上でもいえるだろう。

　さらに，これら諸条件の整備，具体的方策の実現に当たっては，館長をはじめとする管理職の図書館員の十分な理解と努力，および指導力が不可欠なことはいうまでもない。

第7　図書館員は，自館の運営方針や奉仕計画の策定に積極的に参画する。

職員の積極的な運営参画

　図書館が適切に運営されるため，何といっても館長の役割が大きいことは，前文でも明らかにしているとおりである。そして同時に，一つの図書館の運営に当たって，すべての職員が積極的に参画し，一方，図書館の方針や計画が全職員に徹底していることが必要である。図書館員は職業上の倫理として，一人ひとりが図書館運営の一単位であることを自覚し，自館の運営にたえず関心をもっていなければならない。図書館長はその面で指導力を発揮し，職員のもつ力を十分に引き出すようつとめなければならない。

　一図書館の活動は，「利用者を知り，資料を知り，利用者と資料とを結びつける」という図書館員の専門性の要件を，組織体として実現して行くことでもある。日常の仕事を通じて利用者に接している一人ひとりの職員が，図書館の

運営方針や奉仕計画の策定に参加することにより，図書館はひとつの組織として利用者を知ることができ，その要求を方針に反映させることができる。

　職員の運営参画のためにもっとも有力な方法のひとつは職員会議であるが，たとえ会議に出席できなかった場合でも，意見反映の途が開かれていること，また職員も何らかの形で積極的に参画しようとつとめることが必要である。

職員会議

　ある図書館長は，東京の一区立図書館員であったころをふりかえって，こう述べている。

　「定期的に職員全体の館長を含めた会議を持っていまして，それでそういう新しいような仕事については全部会議で討論しまして，それで館長の決裁で実施される……その職員の会議は，議論が非常に活発でした……（館長は）図書館の専門職ではないし，図書館の実務の経験もお持ちではありませんでした。ただ，非常に熱心で，図書館の仕事について基本的な理解と見識のある方でした……私たちが職場で議論をして改善点やなんかを打ち出していったときに，むしろそういうことを非常に励ましてくれていたというふうに思います。……私たちずいぶん若かったから勇み足もあったかといまにして思うわけですけれども，非常に前向きにやらせてくれて，それから……一緒になって勉強するとかなんとかいうことを通しても，若い職員にいい刺激を与えていてくださったというふうに思います。」[1]

　職員会議の意義は，ここにいわれているように，職員の力と自発性を結集し，活気のある職場をつくることにある。ここに引例された図書館は，昭和30年代の当時としては斬新な試みを次つぎと実行に移し，東京ではかなり注目すべき実績を挙げていた。「中小レポート」では，公共図書館が「民主的な職場を基盤として運営されなければならない」と述べている[2]。図書館の方針決定が館長の判断によるのは当然であるが，こうした討論を踏まえてこそ正しい意思決定

---

1)　東京都人事委員会　昭和48年（不）第三号（配転陰山）事件第6回公開口頭審理における伊藤峻証人（多摩市立図書館長）の証言。「陰山さんの不当配転闘争資料集」第4集　1977　p.101～102, p.110
2)　『中小都市における公共図書館の運営』　日本図書館協会　1963　p.151

は可能なのである。

第8 図書館員は，相互の協力を密にして，集団としての専門的能力の向上につとめる。

図書館職員相互間の協力

　職場集団としての，組織的な専門的能力の向上のためには，何といっても，図書館員相互間の協調・協力が重要である。

　すなわち，図書館の基本的な活動である資料収集，組織，保存，提供の業務（第1条参照）は，それぞれ独立した業務ではあるが，その間の，日常業務上での協力が，組織的に十分に計られることによって，はじめて，組織体としての図書館の機能が十分に発揮されるのである。それは，利用者への資料提供やレファレンス回答が，それを受けた一図書館員の能力だけではなく，収集，組織，保存など図書館全体の業務のあり方と密接にかかわっているからである。こうした業務上の協力は，第7の条項がその前提となることに留意してほしい。

　また逆に，利用者側は，たまたま応対に当たった一図書館員のみを頼りに来館しているのではない。資料の面でも，人の面でも，その図書館のもつ能力の総和に期待を抱いて来館しているはずである。だから，図書館員は，たまたま応待した利用者の要求を満たしえない場合でも，そこで利用者と図書館との関係を断ち切ってしまってはならない。背後にあるすべての職員の力を結集して，問題解決に当たらなければならないことを，肝に銘ずるべきである。

　こうした協力は，単に司書業務にたずさわる職員のみではなく，館内で他の業務に従事している職員との間にも求められなくてはならない。それらの職員の側面からの支えがあってこそ，利用者への直接サービスとしての司書業務も有効に機能しうるからである。

頻繁すぎる人事異動や不当配転

　図書館の任務，すなわち利用者の学ぶ権利，知る権利を保証するのは，前節で述べたように，ひとりひとりの専門的能力に加えて，図書館で働くすべての

職員の協力によって結集された能力の総和によるものである。しかしながら，今もなお頻繁すぎる人事異動や，本人の意に反した不当配転が行われ，図書館員の専門的力量が結集し蓄積するのを阻害している。

例えば東京23区では，1989年度から2000年度の12年間で図書館数は39館増え，常勤職員の数も2,341名から148名増えて2,489名になっているが，その中の司書有資格者の数は595名から528名に減少，比率も全国平均（50％）を大きく下回る21.9％に落ちてしまった。このような現状は，「公立図書館の設置及び運営上の望ましい基準」（平成13年7月18日・文部科学省告示第132号）が「専門的なサービスを実施するに足る必要な数の専門的職員を確保するものとする」と定めている点から見ても問題がある。

また有資格者以外も含めると，毎年の定期異動の中ではかなりの数の職員が図書館外に異動している。このような異動が行われる例は全国各地にあり，多くの場合，3年から5年程度で機械的に異動させることで，自治体職員としての資質・能力の向上を図ると説明される。図書館外に異動した職員の代わりに転入させられる職員はどうであろうか。たまたま適任者が得られれば，能力を発揮して優れた図書館員に成長するのであろうが，わずかな例にとどまり，それどころか図書館勤務に適性を欠く者も少なくない。そもそもどんな職員でも在任期間が短ければその経験が蓄積され，能力を結集させる暇はない。その結果，選書に一貫性が見られなかったり，あるいは資料についての相談に十分答えられないような点をしばしば利用者から指摘され，批判を招いている。

また，組織体としての図書館運営における，館長の役割が大きいことは，第7の条項の解説で述べたとおりであるが，その館長職の頻繁すぎる人事異動は，大きい問題である。現在，多くの国公立図書館長のポストが，国立国会図書館から町村立の図書館まで，行政上の一ポストとして位置づけられているようである。国立国会図書館の館長職は，衆参両院事務総長の天下りポストであり，しかも国立国会図書館法[1]にもとる4年任期制が，不文律になっていることは周知の事実である。公立図書館長も，5年に満たない在任期間で交代するケースが増えており，司書資格も図書館実務経験も持たない場合が多い。もちろん

---

1) 国立国会図書館法　第4条
　　館長は，職務の執行上過失がない限り在職する。（前後略）

当人の努力もあろうし，文部科学省・図書館情報大学・日本図書館協会による，新任図書館長研修も行われているが，任期が限られているため，ようやく図書館について理解を深めたころ異動の時期を迎えるという事例が多い。図書館サービスが大きく変化し発展しようとしているとき，この現状は図書館経営上，望ましいことではない。利用者，住民の間からも，資料と利用者について，図書館の仕事について理解のある館長が長期間腰をすえて図書館運営に取り組んでほしいという要求が聞かれる。

　図書館員は，こうした図書館の組織的な能力を弱める動向に関心を払い，利用者，住民とともに図書館行政の改善に努める必要があるし，図書館長は，このような事態の解決につとめるべきである。

図書館団体への結集

　図書館は1館だけの力量では，その任務を全面的に達成することはできない。必ず多くの図書館との図書館間協力が必要である。このことについては，第10の条項で述べる。

　一方，業務上の図書館間協力とは別に，図書館の業務は，全国的な，さらには国際的な専門的知識や経験の累積を統合し，吸収し，定着させることにより，図書館奉仕の水準を維持し，さらにより豊かなものにすることができるのである。そのためには図書館員は，地域および全国規模の図書館団体へ結集し，協力することが必要なのである。

　このことは，業務上の図書館間協力がより円滑により的確に行われる基盤ともなるであろう。

第9　図書館員は，図書館奉仕のため適正な労働条件の確保につとめる。

労働条件の重要性

　図書館奉仕の水準を高めるためには，施設・資料などとともに，職員の自覚や意欲に負うところが多いことは，すでに述べたとおりであるが，その職員の自覚がいかに高くても，劣悪な労働条件のもとでは，図書館奉仕そのものにも

限界がある。しかも現実には，それにとどまらず，職員の健康破壊すら生じている事例もしばしばある。

近年の図書館奉仕の拡大にともなって，職員の労働密度は明らかに高くなっており，疲労の訴え率も高くなっている。「総じて言えば，貸出冊数が伸びているところでは，労働の強度も高く，昼休みも満足にとれず，その忙しさが，疲労現象となって表れている。」[1] 貸出しの伸びている館では一般に能力・意欲ともにすぐれた職員を確保していることが多く，そういうところほど職員の負担が大きいというような事態は，図書館の将来のため見過ごすことはできない。

職員の健康破壊の最悪の表れのひとつが労働災害である。頸肩腕症候群あるいは腰痛などは，必ずしも図書館に固有の職業病ではないが，近年図書館でしばしば発生しており，職業病に準ずるものといえよう。また，その犠牲者のほとんどが女性であることに注目する必要がある。そして多くの場合，このような疾病が，労働災害として認定されるまでには，本人および同僚や労働組合など関係者の大変な努力を必要とする。また，女性職員の場合，法律で保障された生休や産休等も，その間の業務が，ほとんど他の職員の負担になっている現状では，「本当に肩身の狭い思いをし[2]」て無理をすることも多いのである。

図書館員が自らの健康を保ちながら，多様な利用者の要求にこたえて，適切な図書館奉仕を可能にするためには，こうした現状を打開しなければならない。すなわち，適正数の職員配置とともに，労働災害や職業病の防止等のための職場環境の整備など，労働条件の確保が必要なのである。このことは，図書館員の専門性の内容に深くかかわるものであり，専門性の維持発展のために不可欠な要件でもある。倫理綱領にこの一項を設けたのは，このような理由によるものである。

労働条件の確保のために

以上述べたように，労働条件の確保の目的は，あくまで組織体としての図書館のよりよい奉仕活動にあることを，十分に把握するべきである。その上で，何よりもまず，図書館員自らが，その労働条件の確保について関心をもち，そ

1）『図書館労働実態調査予備調査報告』 日本図書館協会図書館員の問題調査研究委員会編　1978
2）婦人司書の現状　婦人司書の会　図書館雑誌　75-4（1981.4）p.203

の改善に努めることである。

　次に，設置主体に対して，理解を求める努力が必要であるが，この場合の館長の役割は重要である。また，時には，利用者に，あるいは広く社会に訴えなければなければならない場合もある。このような状況を知った住民が，図書館の人員要求に支持を寄せ，図書館定員増を実現した例もある[1]。ただし，こうした場合，日常の図書館奉仕への努力が，利用者や地域社会に認められ，信頼されていたことによるものであることを認識すべきである。

　一方，労働条件の基礎データとなる図書館労働の実態調査や，その独自性の追及もまた，図書館員に課せられた責務である。

図書館員の職業集団と労働組合の役割

　本条項の規程する，労働条件の確保は，労働組合の取り扱うべき問題であって，日本図書館協会が制定する倫理綱領には，なじまないのではないかという疑問もあろう。たしかに，労働組合の主目的が労働条件の確保にある以上，場合によっては，労働組合の課題になることも当然あり得る。例えば，先にあげた労働災害の認定に至る過程では，労働組合の努力を無視するわけにはいかない。かつて図書館員の専門性が，初めて裁判で争われたある大学図書館員の不当配転問題が，事実上の勝訴になったのは，同大学の教職員組合の全面的なバックアップによるものであった。こうした労働組合運動は，当然評価すべきである。だが，これとは別に，図書館の本来の任務を達成するため，図書館員はその職業的な責任上，労働条件の確保に努めるべきなのである。日本図書館協会もまた，その定款の中で，「図書館職員の教育，待遇向上，厚生」（第4条2項）を事業の一つとして，あげていることに留意すべきである。

　ただし，日本図書館協会は，終戦直後に設立され短命に終わった職能別全国単一組織「全日本図書館労働組合（全日図）」のように，団体交渉を行うような方針をとったことは，いまだないし，今後もあり得ないであろう。外国の専門職団体の中には，そのような役割を果たしているものもあるが，日本では事情が違う。図書館員の職業集団である協会と，図書館員の所属する労働組合と

---

1) 第26回図書館問題研究会全国大会　みんなの図書館　1979臨時増刊号　p.72〜75　ほか（横浜市山内図書館の人員要求の経験）

は，本来，それぞれ独自の役割を果たすべきものである。これは当然のことであるが，あえて誤解を避けるため付言する。

　岡山市では，全小中学校に司書が配置され，さらにその嘱託職員の正規職員化が同市職労のバックアップのもとで実現しつつある[1]。

　近年，図書館数や利用者の増大に比較して，図書館職員の増加は少なく，実質的な人員削減が進んでいる。また，司書の比率低下，非常勤専門職員の配置，委託・派遣等による司書有資格者の雇用など，図書館運営における正規専任職員が減少している。図書館利用がますます拡大し，祝日・通年開館などの課題が現実のものになっている。このような状況の下で，今後この条項は一層重要性をもつであろう。

（図書館間の協力）
第10　図書館員は図書館間の理解と協力につとめる。

図書館間の協力

　近年の図書館活動の発達と，図書館要求の増大にともない，以前から認められていた図書館間の協力の必要性は，一層明確に，かつ現実のものとなりつつある。すでに公共図書館では，日本の実際の図書館活動の経験にもとづき，「市立図書館が，全市民にそのサービスをひろげるためには，単に一つの建物でなく，本館，分館，移動図書館からなる一つの組織でなければならない」[2]ことが示されている。また，それでも供給できない資料は都道府県立図書館が自館の資料によって援助し，さらに他市町村のサービス網，他の都道府県立図書館，また大学・専門・国立国会図書館等の援助を求める[3]ことをはじめ，さまざまな面での協力・援助を進めなければならないことが明らかとなっている。

　また，ユネスコの提唱によるUNISISTあるいはNATIS等のプロジェクトによ

---

1)『学校図書館はどうつくられ発展してきたか　岡山を中心に』　同編集委員会編　教育史料出版会　2001
2)『市民の図書館　増補版』　日本図書館協会　1976　p.15
3) 公立図書館の設置及び運営上の望ましい基準　文部科学省告示第132号（2001年7月18日）

り，全国的・国際的に図書館資源の活用をはかる計画が，各国の協力によって進められている。これにはもちろん，国家的利益など，さまざまの社会・経済的要因があることを無視することはできない。しかし，その根底に，ユネスコ本来の理念が存することを忘れては，図書館間の協力は決して成功を見ないであろう。

　かつてユネスコ創立の際，かの大戦の惨禍を再び繰り返さないため，「平和は，失われないためには，人類の知的および精神的連帯の上に築かなければならない」[1]ことが高らかに宣言され，その具体化のためユネスコが行なうべき事業の中に，「いずれの国で作成された印刷物および刊行物でもすべての国の人民が利用できるようにする国際協力の方法を発案すること」[2]が掲げられた。そのためには一国内での資料の全国的利用と，そのための図書館間の協力体制の整備[3]は，当然の前提であった。図書館間の協力とは，以上のように，人類が大きな犠牲を払って到達したはずの，高い理念のもとに進められるべき事業であることを，この際指摘しておきたい。

図書館員の姿勢

　相互貸出，総合目録，書誌情報の流通，レファレンス等々，相互協力のどの仕事をとってみても，人手や予算を要し，また制度上の裏づけを必要とする面が多い。したがって，そのための措置が決定的に重要であることはいうまでもない。しかし，現状でも図書館間の協力ができる余地があるのに，十分活用されていないという一面もあろう。

　すでに行われている各地の図書館間の協力の事例をみても，そのための特別な人員・予算の手当のない場合もあれば，関係者の熱意によって発足した後で次第に体制がととのえられた例もある。制度や予算が用意されているところでは，図書館長や職員の，協力業務に対する理解と姿勢いかんにより，協力の成果も大きく左右される。

1) 国際連合教育科学文化機関憲章（ユネスコ憲章）　1945.11.16採択　昭和26年10月6日　条約第4号　前文
2) 同　上　第1条　2 (c)
3) ユネスコ公共図書館宣言　1972

こうした実情からみても，図書館間の協力をすべて制度上の問題に帰するのでなく，図書館員自らの職業上の姿勢としてとらえることが，すこぶる重要である。

自館における十分な努力

　図書館間の協力をすすめるに当たって忘れてならないことは，その前提として自館における努力が十分になされなければならないということである。まず自館での資料探索や資料整備を可能な限り試みてみて，その上でどうしても調整できないとき，初めて他館への協力を求める心がまえが必要である。

　また依頼すべき館の選択に当たっても慎重でなければならない。そのためには，他館の所蔵資料についてもよく知るようかねてから努力し，まず地域ごとの協力依頼の可能性を確かめた上で，次の段階を考えるよう配慮すべきである。第一段階としては近隣の図書館相互，次に都道府県立図書館，そして国立国会図書館といった順序を踏んで協力要請を行なうようつとめるべきである。

　こうした努力と順序を抜きにしての安易な協力依頼は，相互の信頼を失うことになりかねない。一方，他館からの協力依頼に対しては，館の総力をあげて対応するだけの親切さと積極性がなければならない。そうした信頼関係を基盤にして初めて，図書館間の協力は可能になるし，予想以上の効果をもあげうるのである。

　このような基盤をもたない図書館間のネットワークは砂上の楼閣に過ぎない。

（文化創造への寄与）
第11　図書館員は住民や他団体とも協力して，社会の文化環境の醸成につとめる。

図書館の役割と平和

　図書館は孤立した存在ではない。社会のもろもろの動向が，そのまま波及するものであることは，今までの歴史が証明している。その最大のものは，平和が失われた時である。戦時下の図書館が本来の役割から，いかに逸脱していったか，図書館員がいかに苦しんだかは，第4の条項の解説文で述べてあるので

参照されたい。この倫理綱領の基礎となっている「自由宣言」にしても,一度平和が失われると,たちまち一編の空文と化すであろう。平和が図書館の存立にとって,何ものにも代えがたい重要なものであることは,いまさらいうまでもないことである。

　国立国会図書館法(1948)がその前文で「国立国会図書館は,真理がわれらを自由にするという確信に立って,憲法の誓約する日本の民主化と世界平和とに寄与することを使命として,ここに設立される」と格調高くうたい,また,ユネスコ公共図書館宣言(1949. 46ヶ国加盟)が「この宣言は,公共図書館の力を示して,民衆教育の,また国際理解の増進の,したがって平和を護るための生きた力としての公共図書館についてのユネスコの信念を宣明するものである」としたのも,第二次世界大戦の生々しい体験を経た世界の人々が,平和を望み,平和のとりでとして,図書館の役割に熱い期待をかけた心情を表すものであろう。確かに,図書館の任務は,国民の知る自由を保障することにより,平和を守る役割を担っているものである。しかし,図書館員は,平和を守るために,図書館の役割だけに頼っていてよいものであろうか。図書館員には,常に社会の動向に目を向け,平和を守り文化を守る積極的な姿勢が必要なのである。

　一方,図書館は社会に孤立した存在であってはならない。図書館員は図書館界のみに結集するのではなく,広く社会一般の,あるいは地域社会の,平和を守り健康で民主的な発展をめざす多様な団体や住民運動に協力する心構えを持つべきである。そうした協力があってこそ,図書館本来の役割を果たすことのできる文化環境が生みだされていくであろう。

社会の文化環境と図書館

　図書館が社会の文化を代表するもののひとつであることには疑う余地がない。
　文化の退廃や破壊が近年大きな問題となっている。文化環境を向上させる住民の活動を援助することは,公民館・博物館などとともに,図書館にとっても大事な仕事である。その中には,伝統的文化を守り,住民と結びつけることもあれば,新しい地域文化の創造を促進することもあろう。図書館は,資料の収集・提供という基本的機能を中心に,地域文化の問題に関わっていく。郷土資

料，地方行政資料，そのほか地域独自の資料を重視する図書館が増えてきたし，図書館自ら出版活動を行う例もある。展示会・鑑賞会など図書館のもつ集会機能もよく活用されている。図書館員はあらゆる機会を通じて，住民の自主的な活動とも積極的に連携し，地域文化の保存と創造に貢献することにつとめるべきである。

図書館の社会的ひろがり

　この条項は，主として公共図書館をめぐる諸経験に基づいているため，公共以外の館種，特に大学図書館や専門図書館などでは，必ずしもなじまない感じで受け取られることもあろう。しかし，大学図書館や専門図書館は，各分野における研究・調査の最高の水準を示す資料の宝庫である。これらの図書館が，その本来の目的を妨げない限り，広く社会的に利用されることは，望ましいといってよい。すでに，一定の条件のもとで一般に開放している図書館もあるし，あらゆる図書館資料を相互に利用することができるようなネットワークの形成も，今後の課題となっている。図書館の利用の社会的ひろがりは，図書館と社会の文化環境との関わりを一層強めるであろう。こうした点を踏まえ，社会の文化環境との関わりを示す条項をあえて倫理綱領に加えたものである。

地域社会における公共図書館

　公共図書館が地域社会において果たすべき役割の重要さは言うまでもない。図書館の先進諸国では，地域社会の文化の中心として，公共図書館が住民に親しまれ，支持されてきた例を，数多く見ることができる。そのような現実をふまえ，ユネスコの公共図書館宣言は，次のように述べている。

　　地域社会における公共図書館
　　公共図書館は，図書館奉仕の意義を具体的に表現して利用者に伝え，その利用を促進するために活発かつ積極的な展望を持たなければならない。
　　公共図書館は，他の教育的・社会的および文化的機関と連携しなければならない。これらの機関には，学校，成人教育グループや余暇活動のグループ，さらには芸術振興にかかわる団体等も含まれる。

公共図書館は，地域社会における新しい要求や関心の出現に注意を払わなければならない。たとえば，図書館の蔵書や活動に反映すべき独特の読書要求や新しい余技への興味を持つグループが設立される場合などである[1]。

　わが国の図書館法は公共図書館の健全な発達を図ることによって「国民の教育と文化の発展に寄与する」ことを目的に掲げている。図書館員はこの理念を常に念頭におき，資料の収集・提供に当たらなければならない。

住民の読書運動・図書館づくり運動

　日本では永い間，公共図書館の数も少なく，地域社会における活動も遅れていた。1960年代以降，住民のさまざまな要求を反映した図書館活動が進められるようになりつつある。その糸口となった最も大きな要因は，地域文庫，家庭文庫，あるいは親子読書会といった，住民自身の手による読書運動，図書館づくり運動である。

　これらの運動は，公共図書館や学校図書館など，子どもをめぐる「社会的な読書環境の後進性・貧困性から生まれた一種の自衛手段」[2]であると同時に，一方「図書館の原点」[3]であり，図書館員が住民と手をたずさえ，すぐれた実践を生み出す力の源泉となり得たのである。日本の図書館運動は，こうした住民の積極的な図書館への関心にこたえ，それらと協力・連帯することをよりどころとしていかないかぎり，本格的な発展は望めないであろう。

学校と図書館の協力

　学校教育と公共図書館との関係[4]でも，欧米でかなり以前から行われていた公共図書館員による学級訪問や，学校を通じての図書貸出しが，日本でも，各地にみられるようになってきた。また，学校図書館における，図書館利用指導の分野でも，すぐれた実践が生まれている。学校図書館に対する公共図書館の

---

1) ユネスコ公共図書館宣言 (Unesco Public Library Manifesto. 1972) 当編集委員会仮訳
2) 読書運動をどう考えるか　鳥越信『子どもの本と読書運動』日本子どもの本研究会編　童心社　1971　p.10～20
3) "子どもに対する図書館奉仕"は図書館の重要な基礎　竹内悊　みんなの図書館　10号（1978-5）p.56～65

支援の成否は，今後の図書館全体の発展を左右するほどの重要性があるといえよう。

　学校図書館の地域住民への開放では，いくつかの実例が生み出されている[5]。これらは，大きな可能性を秘めている反面，もし本来の機能の違いを無視して安易な地域開放が行われた場合，かえって住民の読書要求の正しい解決をさまたげ，形骸化する危険性も大きいことに注意する必要があろう。

　図書館員は，各地域における，学校と図書館との協力が正しく発展するようにつとめるべきである。

第12　図書館員は，読者の立場に立って出版文化の発展に寄与するようつとめる。

出版の自由の擁護

　出版の自由は，言うまでもなく憲法第21条に保障された表現の自由の重要な内容である。図書館は戦前，国民の基本的人権が認められていなかった時代に，ごく一部の例外を除き[6]，抵抗するどころか，逆に協力させられた苦い経験をもっている。図書館員はその反省の上に立ち，あるいはその反省を受けつぎ，言論・出版の自由を守り抜かなければならない。

4）図書館法　第三条（図書館奉仕）（抄）
　　図書館は，図書館奉仕のため，土地の事情及び一般公衆の希望にそい，更に学校教育を援助し得るように留意し，おおむね左の各号に掲げる事項の実施に努めなければならない。
　　（中略）
　　四　他の図書館，国立国会図書館，地方公共団体の議会に附置する図書室及び学校に附属する図書館又は図書室と緊密に連絡し，協力し，図書館資料の相互貸借を行うこと。
　　（中略）
　　八　学校，博物館，公民館，研究所等と緊密に連絡し，協力すること。
　学校図書館法　第四条（学校図書館の運営）（抄）
　　学校は，おおむね左の各号に掲げるような方法によって，学校図書館を児童又は生徒及び教員の利用に供するものとする。
　　（中略）
　　五　他の学校の学校図書館，図書館，博物館，公民館等と緊密に連絡し，及び協力すること。
　　2　学校図書館は，その目的を達成するのに支障のない限度において，一般公衆に利用させることができる。
5）『学校図書館の地域開放』　全国学校図書館協議会編　全国学校図書館協議会　1981
6）24ページの注1）参照

今日，いわゆる「有害図書」の排除を定めた「青少年保護育成条例」の制定や，教科書批判とその結果相次ぐ教科書全面改定等の動向から，表現の自由への侵害が強く危惧されている。このような事態は，図書館の自由そのものにとって大きな脅威である。図書館員は，出版・新聞・放送など関連諸分野と協力して，表現の自由を守る活動にかかわっていく必要がある。

出版の自由と受け手の自由

「知る自由は，表現の送り手に対して保障されるべき自由と表裏一体をなすものであり，知る自由の保障があってこそ表現の自由は成立する」（図書館の自由に関する宣言　副文）

今日の出版流通状況のもとでは，読者の希望する本が必ずしもただちに買えないこともしばしばある。これは，出版物の受け手の知る自由という観点から，解決を要する問題であり，それには出版界だけでなく，図書館もまた，利用者の要求する資料を必ず提供しようとするかぎり，ともに努力すべき責任がある。そのため図書館員は，第5で示したように，資料を知ることにつとめ，同時に出版・流通の問題に常に関心を持ち，読者の自由な選択の機会を保障するようにつとめなければならない。

近年，出版物の入手と，そのための出版情報・書誌情報とについて，図書館と出版界の協力が，さまざまな形で進められようとしている。図書館員は読者の立場に立って，「受け手」の知る自由と出版の自由が，ともに保障されるようにつとめるべきである。

著者と読者

図書館は，「図書の提供普及という面で中心的役割を占め」[1]，出版・流通機構とその役割を分かち合っているが，一方，読者から著者に対するフィードバックの機能においては，いまだに目立った役割を果たしているとは言い難い。一般に，著作物に対する読者の反響が正しく伝えられることは，大方の著者の

---

1) 図書憲章　1971年10月22日　国際図書年支持委員会がブラッセルで採択（図書館雑誌　66—6（1972.6））

望むところであるにもかかわらず，表現手段をもつ限られた読者を除けば，多くの場合出版物の販売部数という形によってしか，反響を知ることができない。この点において，図書館が，読者の声を著者に伝達する場となることは，かねてから著者の側から期待されていることの一つである[1)2)]。そのため，例えば，図書館でどういう本がどういう関心で読まれているかを，利用者の秘密を守りつつ示してほしいという提案もあった[3)]。個々の図書館でよく読まれた本の主なものが発表されたり，著者を招いて読者と交流する機会を設けたりするなどの試みが，すでになされている。図書館員は，本格的なフィードバック機能について十分な関心をもち，その実現をめざしていくべきであろう。

日本図書館協会の役割

　図書館員の問題調査研究委員会（以下「当委員会」）は先に「図書館員の専門性とはなにか（最終報告）」において，日本図書館協会（以下「日図協」）が司書職制度確立のために当面果たすべき役割について，「1.倫理綱領を作り，図書館員の専門性を生かす職務遂行の為のよりどころとする。2.司書職制度確立のために，館界全体の協力を作って行く。3.専門性が無視されるような制度（案）や事態に対しては，これを阻止する為の行動をする。」[4)]の3点をあげた。

　1についてはこの倫理綱領の制定によりすでに達成されたといってよい。2については，綱領制定後の協会事業として昭和55年度以降「事業計画」にもとり上げられ，「司書職制の必要性と意義について周知徹底をはかるとともに制度確立運動を展開する」ことが，当委員会の活動内容として割り当てられているので，目下進行中の課題といえるだろう。さらに3については，「現在の協会が真の意味の専門職集団とはいい難い」[5)]現状においては，このことの実践

---

1) 『子どもの図書館』　石井桃子　岩波書店　1966
2) ＮＨＫ教育テレビ座談会「図書館文化」1967年1月　武田泰淳氏発言（他の出席者　裏田武夫，前川恒雄各氏）
3) 昭和51年度全国図書館大会（東京）パネル・ディスカッション「これからの図書館を考える」での日高六郎氏発言（同大会記録　p.30）
4), 5) 図書館員の専門性とは何か(最終報告)　図書館員の問題調査研究委員会　図書館雑誌　68-3（1974.3）p.111

にはかなりな困難性がともなうといわざるをえない。しかし，すでにこのような形で倫理綱領の制定が実現をみた現時点において，当然日図協の果たすべき役割が考えられなければならない。綱領副文の末尾にあえて日図協の役割について付言したゆえんである。

　当委員会は発足当初から，「協会は真の専門職集団をめざして，図書館員の専門性を発展させる為の努力と援助を惜しんではならない」[1]こと，および「図書館員は日本図書館協会に進んで加盟し，協会の発展につとめる」[2]べきことを主張しつづけてきた。しかし，倫理綱領の作成にあたって，いちばん苦慮したのは，専門職集団とは言い難い日図協の制定する綱領の対象を，どこに置くかという点であり，また，倫理綱領に関心をもつ何人かの会員から，時期尚早という指摘を受けた点でもあった。そして，当初めざした専門職集団の綱領から「今日われわれが必要とする倫理綱領は，専門職集団になったから必要かつ可能になったそれではなく，専門職集団をめざすため，今日必要とする倫理綱領」[3]を構想し，その対象を，中心は司書におきながらも，図書館に働くすべての職員にもおよぼすものとした。だが，司書有資格者が全図書館員の50％にも満たない現状では，広く館界の共通理解を得るために，さらに司書という枠を一切はずして，図書館に働くすべての職員を対象とせざるをえなかったのである。その意味で，この綱領はいわば現状に見合ったものという性格をまぬがれないし，綱領各条項の中に，図書館に働くすべての職員が当然守るべき規範と，司書業務にたずさわる職員のみに要請される責務とが混在しているという理由もここにある。しかし一方，図書館に働くすべての職員が「共通の自律的規範」を持ったという積極的な意味も見逃すことができない。そしてこのことは，外国のこの種の綱領に例を見ない大きな特色と言っていいだろう。

　しかし，前段で述べたような当委員会の考え方が実現されていった場合，日図協自体の性格も若干変動していくことが考えられる。その時点では，この綱領の規定内容も変更せざるをえない部分が出てくるだろうし，あるいは専門職

---

1), 2) 図書館員の専門性とは何か(最終報告)　図書館員の問題調査研究委員会　図書館雑誌　68－3 (1974.3) p.111
3)「倫理綱領具体化のために」(本誌2月号)を読んで　図書館員の問題調査研究委員会　図書館雑誌　67－6 (1973.6) p.246

としての司書のみに要請される自律的規範としての倫理綱領が, 別に作られることもありうるだろう。それはちょうど, アメリカ図書館協会（ALA）1938年制定の「図書館員の倫理規程」(Code of Ethics for Librarians) が「ALAによって公認された公共図書館に雇傭された人」[1]全員を対象とした28カ条から成っていたのに対し, 1975年制定の「職業倫理に関する声明」(Statement on Professional Ethics) では, 専門職の図書館員のみを対象とする6カ条に集約されたのと, 同じような経過をたどることになるかも知れない[2]。そしてその時点では, イギリス図書館協会（LA）の「倫理綱領草案」(Draft Code of Professional Ethics, 1980) が第10条で規定しているように, 綱領の全協会員に及ぶ拘束力は, 当然相当強固なものになっていくだろうし, 協会の役割にも違った側面が加えられていくだろう[3]。

　わが国の現状ではそうした状況は当分望めそうにない。しかし現実にこのような形で倫理綱領が制定された以上, 日図協はこの綱領の維持発展につとめるとともに, この綱領と相いれない事態に対しては, 積極的にその改善に向って努力していく必要がある。解説を結ぶに当たって, 特にそのことを強調しておきたい。

1) 図書館倫理　佐々木乾三『図書館の学と歴史』京都図書館協会十周年記念論集編集委員会編　京都図書館協会　1958　p.18
2) ALAの「職業倫理に関する声明」は1981年に部分的に改訂された後, 1995年に大幅な改訂が行われた。名称も「ALAの倫理綱領」(Code of Ethics of the American Library Association) と変更になり, これまであった専門職 (Professional) が除かれた。これは, 倫理綱領の対象が, 専門職の図書館職員だけでなく, 情報サービスを提供する他の職員や, 図書館理事会メンバー, 図書館の一般職員まで含めたからである。巻末付録の邦訳参照のこと。
3) その後1983年に「行動規定」が公表されたが,「この文書全体を通して『図書館員』としているのは, ……図書館に勤務するすべての職員を含むことに留意されたい。」という文言が, まえがきと本文の間に示されている。巻末付録の邦訳参照のこと。

綱領制定までの歩み

66.10 　　全国図書館大会（以下「全国大会」）（東京）において初めて「図書館員の問題」部会が設けられた。以後毎年，全国大会にはこの問題に関する部会ないしは分科会が設けられるようになった。

67.11.9 　全国大会（石川）「図書館員の問題」部会において，日本図書館協会（以下「日図協」）に常置委員会として図書館員の問題に関する委員会設置を要望する決議採択。

68. 1 　　日図協内に「婦人図書館員調査委員会」（臨時）設置。（のちに「図書館員の問題調査研究委員会」設置により同委に吸収）

70. 1 　　図書館員の問題に関し日図協に寄せられるあらゆる問題の窓口となり，あわせて図書館員の専門性の内容を追求し，司書職制度のあり方を調査研究することを目的に，常置委員会として「図書館員の問題調査研究委員会」（以下「図書館員委」）が設置された。（委員長田中隆子）

　　11 　　「図書館員の専門性とは何か（委員会の中間報告）」を『図書館雑誌』（以下『図雑』）に発表，この中で倫理綱領の必要性を主張。

71.11 　　「図書館員の専門性とは何か。その現実と課題－社会教育法改正に関連して－（続・委員会の中間報告）」を発表，倫理綱領の内容を具体的に提起。

72.11 　　「図書館員の専門性とは何か（委員会の中間報告・Ⅲ）」を発表。

73. 2 　　「倫理綱領具体化のために」を『図雑』に発表，条文の構成や内容の骨子案を具体的に提示。

　　10.19 　山口県立図書館「図書封印事件」を契機に，全国大会（高知）において，「図書館の自由に関する宣言1954」再確認の決議採択。日図協内に「図書館の自由」に関する委員会設置を要望する論議高まる。

74.	3	「図書館員の専門性とは何か（最終報告）」を『図雑』に発表，その第5章を「倫理綱領」とし，初めて図書館員委としての案文を提示。
	4. 3	日図協常務理事会において「図書館の自由に関する委員会設置検討委員会」の設置が承認され，図書館員委より委員長以下2名が参加。
	9. 6	上記委員会は「図書館の自由」に関する常置委員会を設置することを日図協に答申。
	10. 8	「最終報告」に関する関西地方検討集会（大阪市）を開催。これを皮切りに全国的に検討集会を開催したが，各会場とも論議の中心の一つは倫理綱領についてであった。
	10. 9	中国地方検討集会（広島市）を開催。
	11. 5	日図協理事・評議員合同役員会において「図書館の自由に関する調査委員会」を常置委員会として設置することを承認。同委員会発足，図書館員委より3名参加。
	11. 8	全国大会（東京）において，「倫理綱領の制定」を日図協に申し入れる決議採択。日図協理事会においてこの件が承認され，昭和50年度以降この制定作業を協会事業としてすすめることになり，案の作成が図書館員委に付託された。
75.	1. 18	「最終報告」東京地方検討集会（東京）開催。
	2	図書館員委・委員長田中隆子より久保輝巳に交替。
	2. 7	東北・北海道地方検討集会（仙台市）開催。
	10. 23	全国大会（島根）分科会において，倫理綱領に関する図書館員委の考え方，具体案の骨子を提案，説明し，これを参加者全員で討議。図書館員委に「倫理綱領小委員会」を設置，以降毎月1回の割りで小委員会を開き，文案作成に当る。
76.	11	「図書館員の倫理綱領案（第1次）」を『図雑』に発表。
	11. 25	『図書館員の専門性とは何か（委員会の記録）』刊行。
	11. 27	全国大会（東京）分科会において第1次案を討議。
77.	7	「第2次案」発表。
78.	10	「第3次案」発表。
	10. 13	全国大会（青森）分科会において第3次案を討議。

	11	日図協総会への最終案提案を,「図書館の自由に関する宣言・改訂案」との関連で, 1年延期することに決定。
79.	5. 30	日図協総会において「図書館の自由に関する宣言・1979年改訂」が提案され, 満場一致採択, 成立した。
	10	「第4次案」発表。
	10. 26	全国大会（東京）分科会において第4次案を討議。
	10. 27	全国大会全体会において「図書館の自由に関する宣言・1979年改訂」を支持する決議採択。
	11. 4	「第4次案」による九州地方検討集会（福岡市）開催。
	12. 5	北陸地方検討集会（富山市）開催。
80.	1. 19	関西地方検討集会（大阪市）開催。
	2	以上の各集会での論議を参考に,「第4次案修正案」を作成。
	2. 8	同案を日図協常務理事会に提案, 説明。
	2. 15	日図協理事会に提案, 説明。討議の結果, 評議員会への提案承認。
	2. 27	東京都公立図書館長協議会主催の図書館職員研究大会（東京）において第4次案修正案を討議。
	3. 12	最終的な公開討論集会（東京）開催。理事会, 公開討論集会での論議を参考に,「第4次案修正案」をさらに修正した「最終案」を作成。
	3. 13	日図協評議員会に「最終案」提案, 一部字句修正の上承認。
	5	評議員会承認の「最終案」を『図雑』に発表。
	6. 4	日図協総会において同案を提案し, 満場一致採択。この結果, わが国最初の「図書館員の倫理綱領」が制定された。
	8	「図書館員の倫理綱領」正文を『図雑』に発表。
	11. 1	全国大会（鹿児島）全体会において「図書館員の倫理綱領」を支持する決議採択。

関係文献一覧

・1952年から現在に至る文献を年代順に排列した。
・同一年代では図書館雑誌掲載の文献を先にした。
・図書館雑誌は図雑と略した。

1952～1969

"図書館の自由と責任"　K生　図雑　46巻（1952.10）p281～283
図書館倫理要領について　伊藤旦正　図雑　46巻（1952.12）p318～319
「図書館の自由に関する宣言」および関係議事録　図雑　47巻（1953.7），48巻（1954.7）
図書館人の自戒十条　加藤宗厚　件名作業　理想社　1957　p6
図書館倫理　佐々木乾三　図書館の学と歴史　京都図書館協会　1958
社会と図書館　裏田武夫　図書館ハンドブック改訂版　1960　p17～41
司書職論に関する序説　室伏武　図書館学会年報　13巻（1965）p22～35
図書館員の社会的役割－その巨視的側面から－　裏田武夫　図雑　60巻（1966.6）p221～223
プロフェッションとしての協会を　石塚栄二　図雑　61巻（1967.11）p479～481
図書館員の問題研究部会記録
　　昭和41年全国大会（東京）第15部会
　　昭和42年全国大会（石川）第15部会
　　昭和43年全国大会（北海道）第14部会
　　昭和44年全国大会（長野）第12部会
　　図書館員の専門性とは何か－委員会の記録－p180～197（再録）（1976刊）

1970

長野大会・12部会アンケートから　図雑　64巻（1970.3）p125
図書館員の専門性とは？　図書館員の問題調査研究委員会（以下本委員会と略）　図雑　64巻（1970.4）p181

図書館員の専門性とは何か―今こそ協会の出番―　本委員会　図雑　64巻（1970.5）p213

専門性を保った司書職制度の調査研究―図書館員の問題調査研究委員会の経過報告―　本委員会　図雑　64巻（1970.6）p284

専門性と司書職制度の現状―公共図書館の場合(1), (2)　本委員会　図雑　64巻（1970.7）p320～321, 64巻（1970.8）p376～378

「専門性と司書職制度の現状―公共図書館の場合」を読んで　本委員会　図雑　64巻（1970.9）p453～454, 64巻（1970.10）p496～498

　　意見：石井紀子, 中島春之, 嵩原安一, 黒田一之, 三上強二

専門性と司書職制度の現状―大学図書館の場合―　本委員会　図雑　64巻（1970.10）p499

特集　図書館員の専門性

　　図書館員の専門職性　市川昭午　図雑　64巻（1970.11）p521～524

　　「学」と「専門」　坪井忠二　図雑　64巻（1970.11）p525～527

　　図書館員の専門性とは何か―委員会の中間報告―　図雑　64巻（1970.11）p528～530

図書館員の専門性と専門職制度　昭和45年度全国大会（広島）記録　1971　第13部会　p100～107

専門職制度確立への方向―東京都の場合―　本委員会　図雑　64巻（1970.12）p593～595

図書館員の倫理　石塚栄二　図書館界　22巻（1970.5）p2～8

図書館員の倫理について　宮崎俊作　図書館界　22巻（1970.5）p9～15

専門職としての司書の基本要件と職務内容　全国公共図書館協議会　研究調査報告書　昭和45年度（1970）p135～136

1971

'70全国図書館大会ハイライト　第13部会　図書館員の問題研究　田中隆子　図雑　65巻（1971.1）p20～22

大学図書館員の意識と利用者の声　本委員会　図雑　65巻（1971.2）p90

新しい年への展望―46年度事業計画―　本委員会　図雑　65巻（1971.3）p163

「資格認定」制の検討のために　本委員会　図雑　65巻（1971.4）p202
司書資格認定の調査は急務－社教法改正の動きに関連して　本委員会　図雑　65巻（1971.6）p307
「現代の図書館」特集「図書館における人の問題」の刊行を喜ぶ　本委員会　図雑　65巻（1971.9）p491
図書館員の専門性とは何か　その現実と課題　―社会教育法改正に関連して―　続・委員会の中間報告　図雑　65巻（1971.11）p582～587
学校図書館―職員制度の現状と課題―　本委員会　図雑　65巻（1971.12）p643～644
現行制度の分析と法改正　昭和47年度全国大会（岐阜）記録　1972　第12部会　p52～54
司書の人事制度を考える　広田宗三　現代の図書館　9巻（1971.6）　p118～122

1972

現場で求める専門性―第12部会のアンケートから―　本委員会　図雑　66巻（1972.1）p27
裁判で争われる「図書館員の専門性」―配転無効確認請求事件について―　本委員会　図雑　66巻（1972.2）p83
私立大学図書館員の実態―46年度全国図書館大会第12部会の報告から―　本委員会　図雑　66巻（1972.3）p130
配転など図書館員の日常問題を重点に―昭和47年度事業計画―　本委員会　図雑　66巻（1972.4）p186
専門図書館員の専門性について―　本委員会　図雑　66巻（1972.5）p223～224
図書館員の問題調査研究委員会―続・中間報告を読む―
　　西藤寿太郎：図書館員の専門性の究明　図雑　66巻（1972.6）p264～266
　　小川剛：司書職制度の確立をめぐって　図雑　66巻（1972.6）p267～270
裁判で争われる「図書館員の専門性」―配転無効確認請求事件のその後―　本委員会　図雑　66巻（1972.7）p315
児童室に働く職員に要求される専門性とは何か（試論）　森崎震二　図雑　66巻（1972.8）p362～366
配転問題とは何か―専門性を中心にして―　本委員会　図雑　66巻（1972.8）p376

〜377
研修は如何にあるべきか　本委員会　図雑　66巻（1972.9）p458〜459
図書館員の専門性とは何か―委員会の中間報告Ⅲ―　本委員会　図雑　66巻（1972.11）p548〜551
図書館界の動向―図書館員の問題に関連して―　本委員会　図雑　66巻（1972.12）p615〜619
配転問題と専門性について　昭和47年度全国大会（千葉）記録　1973　第12部会　p57〜60
大学図書館の職員制度　岩猿敏生　図書館学会年報　17巻（1972.2）p1〜7
戦後の大学図書館における職員の問題―司書職制度確立運動を中心に―　岩猿敏生　第2回日米大学図書館会議応募論文集　1972
学校図書館の行動綱領を　深川恒喜　学校図書館速報版　昭和47年5月5日号（1972.5）
「図書館員の専門性論争」と私たちの役割　細井五　大図研論文集　創刊号（1972.8）p32〜37
日本社会教育学会社会教育職員研究部会　社会教育職員研究資料第1集，3集（1972.6）
東洋大学図書館員の不当配転関係資料　第1，2集（1972.9）（1973.9）
日本私立大学連盟大学図書館研究集会報告書　第3次第3回　1972

1973

「図書館学教育改善試案」について　本委員会　図雑　67巻（1973.1）p25〜26
倫理綱領の具体化のために　本委員会　図雑　67巻（1973.2）p73〜74
「倫理綱領の具体化のために」（本誌2月号）を読んで　本委員会　図雑　67巻（1973.6）p246〜249
　「倫理綱領」制定の基本的課題　室伏武
　倫理綱領と協会の役割　宮崎俊作
　倫理ということ　男沢淳
　市民に対する誓約としての綱領を　石塚栄二
特集　図書館員の専門性　図雑　67巻（1973.7）p286〜292

利用者の求める図書館員　本委員会
　　図書館員に何を期待するか　杉原四郎
　　図書館員の真価　土山牧民
　　司書の専門性について　相原典夫
　　職業について　荒瀬豊
　　図書館員に望むこと　中川徳子
東京の区立図書館員配転問題で都人事委員会に提訴　本委員会　図雑　67巻（1973. 10）p460
国立国会図書館における「人」の問題　本委員会　図雑　67巻（1973.11）p501～502
図書館の自由について　図書館における読書の自由　河井弘志　図雑　67巻（1973. 11）p508～512
職員数基準を中心に　昭和48年度全国大会（高知）記録　1974　第12部会　p51～54
専門職制とその視点　志保田務　図書館界　24巻（1973. 1）p203

1974

第12部会図書館員の問題研究　図書館サービスと必要職員数　清水博　図雑　68巻（1974. 1）p26～27
図書館員の専門性とは何か（最終報告）　本委員会　図雑　68巻（1974. 3）p104～111
図書館員の専門性に関する最終報告を中心に―昭和49年度事業計画―　本委員会　図雑　68巻（1974. 4）p145
特集　図書館員の専門性とは何か（最終報告）を読む　本委員会　図雑　68巻（1974. 7）p279～283, 68巻（1974. 8）p317～321
　　内在する官僚制とのたたかい　森耕一
　　私立大学図書館員の立場から　内山義寶
　　混迷の中に一里塚　竹田俊一
　　図書館員と利用者の衆知を集めて　荒川美穂子
　　区立図書館の配転問題にとりくむ中で　野瀬里久子
　　明日につなぐために　田中久子・館野かよ子
　　十分な研修と利用者を知ることと　佐々木敏雄
図書館員の専門性と労働組合―最終報告によせて―　本委員会　図雑　68巻（1974.

11) p483〜484
職場に復帰して　生野幸子　図雑　68巻（1974.12）p506〜507
図書館の自由と倫理綱領を中心にして（報告者：塩見昇他）　昭和49年度全国大会（東京）記録　1975　第10部会　p76〜80
陰山さん（荒川図書館）の不当配転闘争関係資料—東京の図書館に司書職制度を—第1集　1974
シンポジウム：図書館員の社会的役割と専門性　図書館界　26巻　2号，3号（1974.6，9）p62〜65，p88〜97
図書館員の専門性に関する研究（Ⅰ－Ⅲ）　宇土行良　図書館学（西日本図書館学会）No.25（1974.10）p3〜10，No.27（1975.10）p14〜27，No.31（1977.10）p34〜46
日本の大学図書館における職員問題　岩猿敏生　第2回日米大学図書館会議報告書　1974　p79〜88

1975

図書館員の専門性を確立するために—「最終報告」の職場討議から（広島修道大学の場合）—　松井隆幸　図雑　69巻（1975.1）p26〜27
昭和49年度全国図書館大会第10部会ハイライト　館界の情況を反映した部会　笠師昇　図雑　69巻（1975.2）p63
倫理綱領は必要—49年度図書館大会・第10部会のアンケートから—　本委員会　図雑　69巻（1975.2）p77〜78
倫理綱領の制定促進等を中心に—昭和50年度事業計画—　本委員会　図雑　69巻（1975.3）p150
"図書館員の問題"検討集会の報告—関西地方，中国地方，東京地方，東北・北海道地方(1)(2)　本委員会　図雑　69巻（1975.6）p263〜266，69巻（1975.7）p304〜305
　　時代の新しい課題（関西地方集会）　上田格
　　専門性を真剣に（中国地方集会）　新開肇
　　おどろきの印象（東京地方集会）　末吉哲郎
　　職場への効果的還元を（東北・北海道地方）　黒田一之
弁護士の倫理綱領について　本委員会　図雑　69巻（1975.9）p425
図書館員の専門性とは何か—「専門職制度の現状と問題点」および「倫理綱領具体化

のために」－（昭和50年度全国大会第11部会への招待）　久保輝巳　図雑　69巻（1975．10）p457～458
「公共図書館の職員採用制度調査」と「倫理綱領の性格と内容」－全国図書館大会討議資料－　本委員会　図雑　69巻（1975．10）p464～465
医師の倫理について　本委員会　図雑　69巻（1975．11）p489
専門職制度の現状と問題点および倫理綱領具体化のために　昭和50年度全国大会（島根）記録　1976　第11部会　p82～84
図書館員の問題についての意見発表会（記録）　東京都図書館協会報　53号（1975．3）

1976

昭和51年度全国図書館大会第4分科会資料－図書館員の倫理綱領(案)（第1次）　日本図書館協会　図雑　70巻（1976．11）p451～452
図書館員の専門性とは何か－委員会の記録－　本委員会　1976
読書の自由と図書館　昭和51年度全国大会（東京）記録　1977　第4分科会　p68～77

1977

図書館員の倫理綱領（案)（第2次案）　本委員会　図雑　71巻（1977．7）p295～296
図書館員の専門性とその制度化－昭和52年度全国大会第5分科会への招待－　石塚栄二　図雑　71巻（1977．9）p415
図書館員の専門性とその制度化　昭和52年度全国大会（近畿）記録　1978　第5分科会　p74～85
シンポジウム：図書館員の形成を考える　図書館界　28巻（1977．1）p223～251
近代図書館の理念と図書館員の専門性について－ランガナタン「五原則」の今日的な意味－　渋田義行　図書館界　29巻（1977．7）p49～55

1978

図書館員の倫理綱領（案）を読んで　管井光男　図雑　72巻（1978．1）p15～16
図書館員の倫理綱領（案）をこう思う　多田克之　図雑　72巻（1978．4）p153～154
倫理綱領案について　本委員会　図雑　72巻（1978．10）p516

「図書館員の倫理綱領」(第3次案)　本委員会　図雑　72巻(1978.10) p517〜518
利用にこたえるための図書館員の自由と専門性　昭和53年度全国大会(北日本)記録　1979　第3分科会　p43〜57
修正意見・小川徹(1978.9.29提出)　本委員会　内部討議資料　1979
「図書館員の倫理綱領(案)」について(大図研東京セミナー報告)　久保輝巳　大学図書館問題研究会　東京支部報　40号(1978.6) p1〜4

1979

「倫理綱領案」について　本委員会　図雑　73巻(1979.3) p135
図書館員の倫理綱領(第4次案)　本委員会　図雑　73巻(1979.10) p564〜565
読書の自由と図書館員の倫理　昭和54年度全国大会(東京)記録　1980　第3分科会　p65〜71

1980

図書館員の倫理綱領(第4次案)修正意見・修正案対照表　本委員会　内部討議資料　1980
図書館員の倫理綱領(案)(最終案)　本委員会　図雑　74巻(1980.5) p194〜195
日本図書館協会理事会・役員会議事録(昭和55年2月15日)　図雑　74巻(1980.5) p220〜221
日本図書館協会評議員会・役員会議事録(昭和55年3月13日)　図雑　74巻(1980.5) p227〜228
図書館員の倫理綱領　日本図書館協会　図雑　74巻(1980.8) p354〜355
日本図書館協会定期総会・総会議事録(昭和55年6月4日)　図雑　74巻(1980.8) p403
読者の自由と図書館員の倫理　昭和55年度全国大会(鹿児島)記録　1980　第8分科会　p104〜113
「図書館員の倫理綱領」を支持する決議　大会記録　p162
図書館の自由と職員の倫理—図書館員の任務規定をめぐる問題—　後藤暢　図書館評論　21号(1980) p71〜75
図書館員の専門性と倫理綱領について考える(講演記録)　後藤暢　昭和54年度東京

都公立図書館職員研究大会報告書　1980　p21～25

「図書館員の倫理綱領第4次案」を読んで　平尾賀律子　みんなの図書館　33号（1980.2）p14～18

図書館員の倫理綱領（第4次案）―大学図書館の立場から―　浅賀律夫　大学図書館問題研究会々報　81号（1980.4）p1～3

文庫と図書館―倫理綱領の呼びかけ―　竹内悊　親子読書運動　33号（1980.11）巻頭およびp62～63

1981

図書館員の専門性と図書館員の倫理綱領について―昭和55年度第3回全道公共図書館研究集会講演より―　久保輝巳　北海道立図書館報　101号（1981.1）p3～6

アンケート調査・倫理綱領について―結果報告―　大学図書館問題研究会京都支部　大図研シリーズ　5号（1981.8）p42～43

1982～

公共図書館司書の職業倫理　久保輝巳　関東学院大学文学部紀要　37巻（1982.12）p1～30

公共図書館職員論　久保輝巳　関東学院人文科学研究叢書Ⅳ　八千代出版　（1983.2）

図書館職員とは―倫理綱領雑感―　荒木英夫　みんなの図書館　71巻（1983.3）p35～41

倫理綱領にこめた情念　竹内悊　図書館界　35巻（1983.7）p47～53

図書館員の倫理綱領（資料1）　日本図書館協会　専修人文論集　33巻（1984.7）p89～92

特集　いま，職員問題は―図書館員の倫理綱領10年を迎えて　図雑　84巻（1990.11）p727～741

　　図書館員をめぐる状況と「倫理綱領」　久保輝巳

　　「倫理綱領」事始め　田中隆子

特集　ふだんだって図書館の自由　「図書館の自由に関する宣言」「図書館員の倫理綱領」（資料）　みんなの図書館　164巻（1991.1）p29～34, 76

これからの図書館に何を望むか　豊かな地域と文化のために　シンポジウム記録　図

書館法40周年,倫理綱領10周年記念(1991.10)
図書館員の専門性　三上強二　現代の図書館　33巻（1995.3）p207〜211
日本図書館協会「図書館員の倫理綱領」(1980)の考察　薬袋秀樹　図書館学会年報 42巻1号（1996.3）p32〜48
特集　「図書館員の倫理綱領」制定20年　図雑　94巻（2000.7）p474〜485
　倫理綱領制定20年　久保輝巳
　出版界, あるいは利用者から見た図書館と"倫理綱領"　橋本健午
　社会への誓約から専門職制度まで−「図書館員の倫理綱領」前文と第1から　後藤暢
　図書館と利用者に対する責任について思うこと　梨本和彦
　「図書館員の倫理綱領」第4,第5〈資料に対する責任〉について　山田邦夫
　図書館員と研修−専門図書館の立場から　栗田淳子
　組織の一員としてなすべきこと−「図書館員の倫理綱領」第7,8,9について　樋渡えみ子
　「図書館員の倫理綱領」と相互協力　児玉優子
　「図書館員の倫理綱領」文化創造への寄与−人間を幸福にできる図書館というシステム　西尾肇
「図書館員の倫理綱領」をどう評価すべきか　薬袋秀樹　図雑　94巻（2000.11）p920〜921
専門性の確立と強化をめざして—すべての図書館に専門的職員の配置を—　平成12年度全国図書館大会（沖縄）記録　2000　第10分科会職員問題　p200〜214

資 料 集

倫理綱領

アメリカ図書館協会

Translated by permission of the American Library Association

　アメリカ図書館協会会員としてわれわれは，図書館専門職員，情報サービスを提供する他の専門職員，図書館理事会メンバー，および図書館の一般職員の指針となる倫理の原則を成文化し，それを図書館員全体と一般の人びととに周知することを重要と考えている。

　倫理上のジレンマは，価値観が対立する時に起こる。『アメリカ図書館協会・倫理綱領』は，われわれが選び取った価値について説明し，今日の変化極まりない情報環境の中での図書館の責任を具体的に表現するものである。

　われわれは，情報の選択，組織，保存および提供に，極めて大きく影響し，またはこれらを制御している。市民が知識を共有することに根ざす政治システムにおいて，われわれは知的自由と情報入手の自由とに明らかにかかわる専門職のメンバーである。われわれは現在および将来の世代のために，情報，思想，見解，感覚などの自由な流通を保証する特別な義務をもつ。

　この綱領の原則は，倫理的な判断形成の指針として，包括的に叙述されている。各条項は，考え方の大枠を示している。それゆえにこれらは，特別な状況の処理を示すことはできず，また，そのために規定したものでもない。

　Ⅰ．われわれは，すべての図書館利用者に対し，適切かつ有効に組織された資料と，

だれにも公平なサービス方針と，公平な利用と，正確で偏見にとらわれず，かつ礼節のある応対を通して，最高水準のサービスを提供する。

Ⅱ．われわれは，知的自由の原則を堅持し，図書館資料に対して加えられるあらゆる干渉活動に抵抗する。

Ⅲ．われわれは，図書館利用者一人ひとりが探索し，または受け取る情報と，調べ，借り出し，入手し，又は人に伝えたりする資料に関して，その利用者が持つプライバシーと秘密保持の権利を守る。

Ⅳ．われわれは，知的財産権を認め，かつ尊重する。

Ⅴ．同じ職場や他の職場の同僚に対し，敬意と公正さ，誠実さをもって臨み，図書館に働くすべての雇用者の権利と福祉とを守るための雇用条件を主張する。

Ⅵ．われわれは，図書館の利用者，同僚，または勤務先の費用に基づいて個人的利益を図らない。

Ⅶ．われわれは，われわれ個人の信念と図書館員としての義務とを峻別し，個人的な信条によって図書館の目的の公正な表現や，情報資源の利用の提供を妨げない。

Ⅷ．われわれは，われわれ自身の知識や能力を維持し，増進し，同僚の専門的発達を激励し，さらに将来図書館員となる可能性のある人びとの志望を育成することによって，図書館員全体の高い水準の維持に努める。

アメリカ図書館協会理事会採択
１９９５年６月２８日

（竹内 悊訳）

図書館員の行動規定
イギリス図書館協会

Translated by permission of the Library Association

イギリス図書館協会『図書館員の行動規定』まえがき

なぜ規定が必要なのか？

この『行動規定』は，ひとりの協会会員に期待される行動基準を示したものである。それは一人ひとりの図書館員が当然守るべき基準と義務とを，概括的に規定している。この各条項は，会員に対する懲戒手続きを審議する時に，評価基準の一つとして使われることがある。これは，図書館員全体，図書館員個人，及び図書館の利用者を保護することを意図している。

審査の申し立てをするときは

『図書館員の行動規定』または『イギリス図書館協会内規』に基づく審査申し立ては，協会の会員であると否とを問わず，だれでもすることができる。もしこのような申し立てをするべきだと考えたら，親展書で，下記に送付されたい。

イギリス図書館協会，事務局長殿
ロンドン市　リッジマウント通り7番地
WC1E 7AE

協会事務局長は，その審査申し立てについて熟慮し，その正式討議を図書館協会懲戒委員会に要請する以前に，当該委員会の顧問小委員会の助言を求める。厳密な調査

の後に申し立ての正当性が認められると，協会からの除名，会員資格停止，懲戒，戒告，及び将来の行動に対するガイダンスという結果が示されるであろう。

補足的助言
　この文書についての疑問に対して，図書館協会は喜んで回答する。もっと明確な理解を必要とする部分があれば，事務局長に連絡されたい。

　『図書館員の行動規定』は，図書館協会内規45(a)に基づき，1983年の図書館協会理事会と総会とにおいて承認された。

　この文書全体を通して「図書館員」としているのは，どのような地位や資格を持つにせよ，図書館に勤務するすべての職員を含むことに留意されたい。

　この規定についての指針となる解説は，図書館協会のインフォーメーション・サービスに請求すれば入手できる。

『図書館員の行動規定』

1　協会の会員は，その行動が，図書館の仕事にかかわる同僚たち（情報サービスの提供を含む）によって，図書館員全体に対する重大な，あるいは何らかの不法行為を犯したという根拠のある指摘を受けないように，自らを律しなければならない。その行為は，この行動規定に基づいて総合的に検討されるであろう。

2　a　会員は協会規約と内規，及び本行動規定の各条項に従わなければならない。

　　b　会員は図書館員全体または図書館協会の社会的地位や評価を深く傷つけるような行動にかかわってはならない。

　　c　会員はその図書館活動において，次の条件を満たす能力を持たなければならない。
　(i)　会員は，自分の持つ資格と経験とに基づいて働くことを認められている図書

館実務の分野において，図書館界の発展と歩調を合わせて進歩すること。
(ii) 図書館員の訓練と義務の管理に責任を持つ会員については，彼らの管理下にある人びとがそれぞれの義務を十分に果たし得るような訓練を確実に行うこと。

d 会員が図書館員としての立場で行動するときは，利用者，つまり一人の，あるいはグループの人びとのために働くことが基本的な義務である。というのは，その人たちの要求や利用は，図書館で提供される資料とサービスとに向けられており，その提供のために会員が図書館に雇用されているからである。図書館員として考慮すべきすべての要件のうちで，利用者の利益が，あらかじめ規定された範囲あるいは合法的なそれに収まる限り，他のすべての利益に優先する。この義務の対象となる人あるいはグループは，会員が勤務をしている図書館の種類によって変わり得ることが認識されている。特に，一般公衆が利用の権利を持つところで会員が働く場合と，その利用が許されなかったり，あるいは制限されている図書館で働く場合とでは，別な考え方を適用しなければならないことが認められている。

e 公衆が利用の権利を持つところでは，秘密を守るという理由によって情報の流通を制限しなければならない場合を除き，会員は，情報，思想，見解，感覚などの流通を図り，一人ひとりが差別なく，法律の範囲内で，自由で公平に情報資源を入手できる権利を守り，かつそれを促進する義務を持つ。

f 会員は，雇用者との契約に基づく義務を，全力を尽くして果たさなければならない。しかしながら，場合によっては公衆の利益や図書館の仕事に対する評価が，より狭い雇用者の利益と矛盾することも起こり得よう。もしこのような相違を調和し得ないことが明らかな場合は，公衆の利益と図書館としての基準の維持とを，第一に考慮しなければならない。

g 会員は，人種，皮膚の色，信条，男女の差異，または性に関する差別の助長を主な目的とする資料を，それと知りつつ普及してはならない。この種の主題を研究する目的で，こうした資料を人に示すことは，普及とは見なされない。

h(i) 会員は，どんな資料，情報，または管理上の記録（手書きのものも電子記録方式も）で，図書館員に対し，秘密を条件に寄託された資料を，いかなる第三者に対しても，寄託者の同意なく，また寄託された時の最初の条件以外の目的で，漏洩したり，漏洩を許したりしてはならない。この寄託者に対する義務は，図書館員と寄託者という関係が消滅した後も継続する。
(ii) 会員は法律によって要求された場合と，協会の懲戒委員会の告発に対して弁明する場合とに限って，上述の小節(i)に規定された義務を免除される。

i 会員の行動及び決定は，彼らの図書館員としての判断のみによって決められるべきであり，図書館員としてのサービスに対する正常な報酬または料金以外に，その地位に基づく利益を得てはならない。

j 会員は，もし不正を含む違反行為や，図書館員全体に対する評価を落とす行為をしたと自覚した場合には，図書館協会事務局長に通報しなければならない。

k 会員は次の各項に従わなければならない。
(i) 告訴があった場合，懲戒委員会からのコメントまたは情報要求に対応する。
(ii) 委員会から求められたときには審議に出席し，内規の規定に基づいて陳述する。
(iii) 委員会から指名された当事者が将来の行動についてガイダンスを受ける場合に，もし求められたならば，付き添い人として出席すること。

3 a 適格性についての要件を含め，第2節に規定された要求に従うことができず，それが懲戒委員会において図書館員としての重大な不法行為と認められた場合には，当該委員会は，当事者である会員に対し，図書館協会からの除名または資格停止（無条件または条件付で）に処するか，この審議のために充当すべき料金と経費の返済または先払いを命じるか，または戒告あるいはそれとともにヒアリングの費用の支払いを命じる。
b 第2節で定められた要求に従い得ない場合，懲戒委員会の意見によって，図書館に対する重大な違法行為には当たらないとされ，それが認められた場合，委

員会は，当該会員を注意処分とするか，あるいは彼または彼女の将来の行動について適切なガイダンスの供与を決定する。
c　内規44－46条が適用される。

(竹内 恕訳)

図書館人の倫理宣言

韓国図書館協会

● ● ● ● ● ● ● ● ● ● ● ● ● ● ● ●

(1997. 10. 13 宣布)

　図書館人は，民族の記憶を伝承し，社会発展に寄与する図書館の運営主体として，重い責任を担っている。この責任は，われわれ図書館人のあらゆる職業的行為の基盤に，批判的自己省察と倫理的自覚が生きているとき，はじめて完遂されるものである。よって，われわれはここに，自らの誓いであると同時に，国民に対する約束として，われわれが守るべき倫理的指標を掲げ，明らかにする。

1．［社会的責務］　図書館人は，人間の自由と尊厳が保障される民主社会の発展に貢
　　　　　　　　献する。
　ア　図書館人は，憲法が保障する国民の知る権利の実現に貢献する。
　イ　図書館人は，自己成長の意欲を鼓吹し，その努力を支援する。
　ウ　図書館人は，図書館と利用者の自由を守り，情報アクセスの平等権を確立する。
　エ　図書館人は，成熟した知識社会を開く文化的先導者となる。

2．［自己成長］　図書館人は，不断の自己開発を通し，歴史とともに成長し，文明と
　　　　　　　　ともに発展する。
　ア　図書館人は，自己改善を怠ってはならず，たゆみなく研究し，精進する。
　イ　図書館人は，自らの職務が，歴史を保存し，事実を伝達する行為であることを
　　　自覚する。
　ウ　図書館人は，社会の変化と利用者の要求に能動的に対処する能力を培う。
　エ　図書館人は，開拓者の精神で日常の難関を克服し，情熱と忍耐，そして勇気と

希望のなかで働く。

3．[専門性]　図書館人は，専門知識に精通し，自律性を堅持して専門職としての責任を完遂する。
　ア　図書館人は，自らの業務領域に関する専門知識と技術の習得に最善を尽くす。
　イ　図書館人は，専門家としての自律性を発揮し，自らの社会的地位を確保する。
　ウ　図書館人は，所属する組織の立場が専門性の原則に相反するとき，専門職としての信念に従って異議を提起すべき責任がある。
　エ　図書館人は，専門職団体の重要性を認識し，組織活動に積極的に参加する。

4．[協力]　図書館人は，協同力を強化し，組織運営の効率化を図る。
　ア　図書館人は，協力の基礎になる所属図書館の能力の伸張に努力する。
　イ　図書館人は，図書館間の協力体制を持続的に発展させる。
　ウ　図書館人は，異なる社会機関と協力し，不断に活動領域を拡大する。
　エ　図書館人は，自らの組織に不利益があっても協力の意志を守る。

5．[奉仕]　図書館人は，国民に献身する姿勢で奉仕し，図書館の真の価値に対する社会的認識が得られるよう努める。
　ア　図書館人は，利用者の多様な要求に対し，適切な専門的奉仕で応える。
　イ　図書館人は，利用者の思想・年齢・性別・社会的地位などを理由に差別しない。
　ウ　図書館人は，つねに親切で明るい態度で業務にのぞむ。
　エ　図書館人は，図書館に対する社会の正しい認識が得られるよう努力する。

6．[資料]　図書館人は，知識資源を選択・組織・保存し，自由な利用に供する最終責任者として，これを阻害するいかなる干渉も排除する。
　ア　図書館人は，民族の文化遺産と社会的記憶を守る責務を負う。
　イ　図書館人は，知識資源を選択するにあたって，一切の偏見や干渉，または誘惑から自由でなければならない。
　ウ　図書館人は，知識資源を組織化するにあたって，標準化を指向する。
　エ　図書館人は，利用者に関する個人情報を保護し，その公開を強制されない。

7．［品位］　図書館人は，公益機関の従事者として，その品位を堅持する。
　ア　図書館人は，つねに専門職としての矜持をもち，業務を遂行する。
　イ　図書館人は，つねに誠実で毅然とした態度を失わない。
　ウ　図書館人は，業務と関連した正当でない，いかなる利益も図らない。
　エ　図書館人は，職業的倫理規範を誠実に守る。

（韓国図書館協会　図書館倫理委員会訳）

出版倫理綱領

（日本書籍出版協会・日本雑誌協会　昭32.10.27制定）

　われわれ出版人は，文化の向上と社会の進展に寄与すべき出版事業の重要な役割にかんがみ，社会公共に与える影響の大なる責務を認識し，ここに，われわれの指標を掲げて，出版道義の向上をはかり，その実践に努めようとするものである。

　一　出版物は，学術の進歩，文芸の興隆，教育の普及，人心の高揚に資するものでなければならない。

　われわれは，たかく人類の理念を追い，ひろく文化の交流をはかり，あまねく社会福祉の増進に最善の努力を払う。

　二　出版物は，知性と情操に基づいて，民衆の生活を正しく形成し，豊富ならしめるとともに，清新な創意を発揮せしめるに役立つものでなければならない。

　われわれは，出版物の品位を保つことに努め，低俗な興味に迎合して文化水準の向上を妨げるような出版は行わない。

　三　文化と社会の健全な発展のためには，あくまで言論出版の自由が確保されなければならない。

　われわれは，著作者ならびに出版人の自由と権利を守り，これらに加えられる制圧または干渉は，極力これを排除するとともに，言論出版の自由を濫用して，他を傷つけたり，私益のために公益を犠牲にするような行為は行わない。

　四　報道の出版にあたっては，報道倫理の精神にのっとり，また評論は，真理を守るに忠実にして節度あるものでなければならない。

　われわれは，真実を正確に伝えるとともに，個人の名誉は常にこれを尊重する。

　五　出版物の普及には，秩序と公正が保たれなければならない。

　われわれは，出版事業を混乱に導くような過当競争を抑制するとともに，不当な宣伝によって，出版人の誠実と品位を傷つけるようなことは行わない。

雑誌編集倫理綱領

（日本雑誌協会　昭38.10.16制定，平9.6.18改定）

　文化の向上と社会の発展に寄与すべき雑誌の使命は重大であり，国家，社会及び基本的人権に及ぼす影響も大である。この社会的責任により，雑誌は高い倫理水準を保たなければならない。

　われわれ雑誌編集者は，その自覚に基づいて次の指標を掲げ，自ら戒めてその実践に努め，編集倫理の向上を図るものとする。

1. 言論・報道の自由
　　雑誌編集者は，完全な言論の自由，表現の自由を有する。この自由は，われわれの基本的権利として強く擁護されなければならない。

2. 人権と名誉の尊重
　　個人及び団体の名誉は，他の基本的人権とひとしく尊重され擁護されるべきものである。
　(1)真実を正確に伝え，記事に採り上げられた人の名誉やプライバシーをみだりに損なうような内容であってはならない。
　(2)社会的弱者については十分な配慮を必要とする。
　(3)人種・民族・宗教等に関する偏見や，門地・出自・性・職業・疾患等に関する差別を，温存・助長するような表現はあってはならない。

3. 法の尊重
　　憲法及び正当に制定された法は尊重されなければならない。
　(1)法及びその執行に対する批判は自由に行われる。

(2)未成年者の扱いは十分慎重でなければならない。
(3)記事の作成に当たっては，著作権等に関する諸権利を尊重する。

4. 社会風俗
   社会の秩序や道徳を尊重するとともに，暴力の賛美を否定する。
   (1)児童の権利に関する条約の精神に則り，青少年の健全な育成に役立つ配慮がなされなければならない。
   (2)性に関する記事・写真・絵画等は，その表現と方法に十分配慮する。
   (3)殺人・暴力など残虐行為の誇大な表現はつつしまなければならない。また，犯罪・事故報道における被疑者や被害者の扱いには十分注意する。

5. 品位
   雑誌は，その文化的使命のゆえに高い品位を必要とする。雑誌編集者は，真に言論・報道の自由に値する品位の向上に努める義務のあることを確認する。

新聞倫理綱領

(日本新聞協会　平12.6.21制定)

　21世紀を迎え，日本新聞協会の加盟社はあらためて新聞の使命を認識し，豊かで平和な未来のために力を尽くすことを誓い，新しい倫理綱領を定める。

　国民の「知る権利」は民主主義社会をささえる普遍の原理である。この権利は，言論・表現の自由のもと，高い倫理意識を備え，あらゆる権力から独立したメディアが存在して初めて保障される。新聞はそれにもっともふさわしい担い手であり続けたい。
　おびただしい量の情報が飛びかう社会では，なにが真実か，どれを選ぶべきか，的確で迅速な判断が強く求められている。新聞の責務は，正確で公正な記事と責任ある論評によってこうした要望にこたえ，公共的，文化的使命を果たすことである。
　編集，制作，広告，販売などすべての新聞人は，その責務をまっとうするため，また読者との信頼関係をゆるぎないものにするため，言論・表現の自由を守り抜くと同時に，自らを厳しく律し，品格を重んじなければならない。

　自由と責任　表現の自由は人間の基本的権利であり，新聞は報道・論評の完全な自由を有する。それだけに行使にあたっては重い責任を自覚し，公共の利益を害することのないよう，十分に配慮しなければならない。

　正確と公正　新聞は歴史の記録者であり，記者の任務は真実の追究である。報道は正確かつ公正でなければならず，記者個人の立場や信条に左右されてはならない。論評は世におもねらず，所信を貫くべきである。

　独立と寛容　新聞は公正な言論のために独立を確保する。あらゆる勢力からの干渉

を排するとともに，利用されないよう自戒しなければならない。他方，新聞は，自らと異なる意見であっても，正確・公正で責任ある言論には，すすんで紙面を提供する。

　人権の尊重　新聞は人間の尊厳に最高の敬意を払い，個人の名誉を重んじプライバシーに配慮する。報道を誤ったときはすみやかに訂正し，正当な理由もなく相手の名誉を傷つけたと判断したときは，反論の機会を提供するなど，適切な措置を講じる。

　品格と節度　公共的，文化的使命を果たすべき新聞は，いつでも，どこでも，だれもが，等しく読めるものでなければならない。記事，広告とも表現には品格を保つことが必要である。また，販売にあたっては節度と良識をもって人びとと接すべきである。

あとがき

　「綱領制定までの歩み」を読んでいただけばわかるように，この綱領が制定されるまでに，図書館員の問題調査研究委員会の発足以来10年半，日図協理事会から案の作成作業を付託されてからでさえ，5年半を要している。思えば長い期間であった。
　この間，図書館雑誌に発表した案は，最終案までいれると5次に及び，そのときどきに全国から意見を寄せられた図書館員の数は，数十名に及ぶだろう。その意味で，この綱領は全国の図書館員の手で作られたといっていい。途中，委員の交替や何やでいろいろ苦しいこともないではなかったが，しかしそれも，これら全国の有志たちから寄せられる意志表示が励ましになって，何とか乗り切れてきたのだと思う。今，その人たちに心からの謝意を表したい。
　そのような生みの苦しみはあったにしろ，とにかくわれわれの倫理綱領はこのような形で制定をみた。それは，「図書館の自由に関する宣言・1979年改訂」の制定と共に日本の図書館員の歴史にとって記念すべき出来事といわねばならない。が，制定された綱領が空文に終ったのでは意味がない。全国の図書館員がこの内容をよく理解し，それを日常業務の中で実践していかなくては無意味である。その内容理解の一助にと企画されたのがこの解説書の刊行であった。
　綱領は前文と12カ条の本文とから成り，そのおのおのはさらに主文と副文とから成っている。副文は主文に盛り込めなかったことを補助的に解説しようという意図からである。しかし副文にもおのずから限界があるので，補助説明が十分に施されたとは言い難い。例えば，副文中に或る一句を入れるか入れないかで1時間や2時間の論議をすることがしばしばであった。結局どちらかに決定せざるをえないのだが，しかし最終的に決められた一定の表現だけでは，前後の意味内容を第三者が理解するには不十分で，決定に至った討議内容が明ら

かにされて初めて十分に理解されるだろうと想定される個所が何個所も出てきた。そういう際，委員同士はお互いに「これは解説の解説で補おう」と言い合って納得してきたのだった。その「解説の解説」というのが，この解説書なのである。

が，この解説書づくりにおいてもわれわれはまた言葉の壁にぶち当たらざるをえなかった。一つの語句にこめられた委員たちの考えや，その表現を選ぶに至るまでの経過の事実を限られた紙数で述べるのが，いかに至難のわざであるかを思い知らされたわけである。文字やその連なりとしての文書のもつ限定性に，われわれはここでも隔靴掻痒の感を深くしたことを告白しなければならない。

解説の執筆については，竹内，久保，田中，後藤が分担して当たり，関係文献一覧の作成には谷村が，またＡＬＡとＬＡの綱領の邦訳には竹内が当たった。各人が執筆した原稿を持ち寄って，編集委員全体で討議することをくり返してきたわけだが，最終稿を得るまでに，1泊2日の編集委員会を数回はもったろう。おかげで日図協会館の管理人ご夫婦ともすっかりなじみになってしまった。

それほど努力を重ねてきたつもりだが，前にも書いたような理由で，この解説書はまだ十分とは言い難い。従って，これは「倫理綱領の解説書」としてではなく，「倫理綱領学習のためのテキスト」ぐらいに考えてもらうとありがたい。これ1冊で，倫理綱領のすべてが理解できるというのではなく，これをテキストにみんなで倫理綱領のことを学習してみよう，といったものとして受けとってもらうとありがたい。むしろそうしたグループ学習が全国各地で行われることをこそ，強く期待したい。そして，それら全国各地から寄せられる学習の成果によって，これがいっそう内容豊かなものとなり，近い将来，みんなの手で必ずや充実した「増補改訂版」が出来ることを期待して，とりあえずの責を果たすこととしたい。

1981年10月

　　　編集委員会
　　　　委員長　久保輝巳
　　　　委　員　小島惟孝　後藤　暢　竹内　悊　田中隆子　谷村章子

増補版へのあとがき

　日本図書館協会の図書館員の問題調査研究委員会は，1970年1月に設置された。その設置目的は，①図書館員の問題に関して協会に寄せられるあらゆる問題の窓口となること，②図書館員の専門性の内容を追求すること，③司書制度のあり方を調査研究することとされている。この活動の過程で，1974年「図書館員の専門性とは何か（最終報告）」のうちの第5章を「倫理綱領」として制定する方向が固まり，幾多の討議を経て，1980年に「図書館員の倫理綱領」は制定された。

　当委員会は，館種を超えた専門性の追求を主とする「調査研究」委員会であるとの命題を背負いつつ活動を重ねてきた。しかし，各館種ごとに職員問題は多様な問題を抱えており，各種の問題に機敏に対応できる体制にはなっていない。現在，日本図書館協会は20以上の委員会を運営しているが，2002年度に向けて委員会の再編を検討中である。その討議の中で，図書館員の問題調査研究委員会は，新たな委員会に生まれ変わることになった。

　一方，図書館員養成のための司書講座のテキストの一つとしてこの『「図書館員の倫理綱領」解説』が加わってやはり20年過ぎた。この間，在庫がなくなるごとに増刷でしのいできたが，引用文献の古さが目立ちつつある。そこで，当委員会の最後の活動として，時代に即した最低限の改訂を加えた増補版を作成し，新委員会に引き継ぐこととした。新生の委員会で，全面的な改訂作業に着手することを願っている。

　2001年12月
　　第28期図書館員の問題調査研究委員会
　　　全国委員長　　　　　　　森　智彦
　　　関東地区小委員会委員長　迫田けい子
　　　関西地区小委員会委員長　前田秀樹
　　　委員　　　　　　　　　　江崎邦彦，後藤　暢，才津原哲弘，佐川祐子，
　　　　　　　　　　　　　　　塩野幸枝，神保サユリ，鈴木正紀，中川泰弘，
　　　　　　　　　　　　　　　二宮博行，前村安範，三輪忠義

索引

ア 行

アウトリーチサービス……………………20
アクセス権……………………………………20
アメリカ図書館協会（ALA）
　………………………………26, 49, 65
イギリス図書館協会（LA）
　………………………………16, 26, 49, 67
委託………………………………13, 22, 39
移動図書館……………………15, 26, 39
運営方針………… 8, 17, 19, 32, 33
岡山市……………………………………39
親子読書会………………………………44

カ 行

外国人……………………………………18, 20
学習権……………………………………20
学問の自由………………………………21
貸出記録…………………………………22
貸出冊数…………………………………37
貸本屋……………………………………15
学級訪問…………………………………44
学校教育…………………………………44

学校教育法施行規則……………………17
学校図書館………………………13, 44, 45
学校図書館法……………………………17
家庭文庫………………………………15, 44
館外貸出…………………………………19
韓国図書館協会……………………72－74
館長………13, 26, 32, 33, 35, 36, 38
管理職……………………………………32
基本的人権……………………11, 18, 45
教育公務員特例法………………………30
教科書批判………………………………46
郷土資料…………………………………42
協力………… 9, 15, 17, 27, 40, 41
区議会議員………………………………12
区立図書館………………………………33
芸術振興…………………………………43
検閲……………………………7, 11, 25
健康破壊…………………………………37
言語………………………………………20
研修……………………7, 8, 17, 28－31
研修委員会………………………………31
憲法……………………………18, 21, 45
言論の自由………………………………25, 45

公共図書館
　……20, 26, 33, 39, 42－44, 49
公権力……………………………………20
公民館………………………………15, 42
公務員……………………………14, 15, 21
公立図書館………………………………19, 27
「公立図書館の設置及び運営上の望まし
　い基準」………………………………35
高齢者……………………………………20
国際協力…………………………………40
国際理解…………………………………42
国籍………………………………7, 19, 20
国立国会図書館…………35, 39, 41, 42
国立国会図書館法……………17, 35, 42
古書………………………………………28
個人的利益………………………………7, 26
国家公務員法……………………………21
子供（子ども）……………………15, 44
雇用形態…………………………………13
コルウェル………………………………16

サ　行

サービス網…………………………20, 39
堺市立図書館……………………………23
差別………………………6, 7, 18－20
司書業務……………………………21, 34, 48
司書教諭…………………………………15
司書資格……………………………6, 29, 35
司書職制度……………………………6, 12, 47
司書有資格者………………13, 35, 39, 48

施設入所者………………………………20
自治体職員………………………………35
私的報酬…………………………………7, 26
児童館……………………………………15
児童図書館員…………………………15, 28
社会的責任………………………………5, 11
社会的身分………………………………20
集会機能…………………………………43
宗教………………………………………20
収集傾向…………………………………26
収集方針……………………………26, 27
「自由宣言」
　……11－13, 18, 19, 21, 23, 27, 42
『自由宣言・解説書』…20, 22, 24, 25
住民運動…………………………………42
祝日開館…………………………………39
受刑者……………………………………20
出版界……………………………………46
出版活動…………………………………43
出版情報…………………………………46
出版の自由………………………9, 45, 46
出版文化…………………………9, 17, 45
出版流通……………………………9, 46
守秘義務…………………………………21
障害者……………………………………20
情報化社会………………………………26
情報管理…………………………………28
情報検索…………………………………28
職員会議…………………………………33
職員集団……………………………………8

職業集団……………5, 6, 24, 32, 38
職業病…………………… 9, 37
職業倫理に関する声明……………49
嘱託職員……………………39
職場集団……………31, 32, 34
書誌情報……………………40, 46
女性職員……………………37
除籍………………………23, 27
所蔵資料……………………41
私立学校……………………14
市立図書館…………………15, 39
自律的規範……… 5, 11, 48, 49
資料収集の自由……………11, 27
資料整備……………………41
資料専門員…………………27
資料探索……………………41
資料提供の自由……………11, 27
資料の収集・提供
　………… 7, 18, 20, 22, 34, 42, 44
資料の選択・収集…………23, 25, 27
資料要求……………………24, 27
資料を知る
　………… 7, 20, 24, 27, 28, 32, 46
知る権利……………………13, 34
知る自由………6, 9, 11, 18, 42, 46
人事異動……………… 8, 34, 35
人種……………………18, 20
信条………………… 7, 14, 18, 19
正規職員……………………39
青少年保護育成条例…………25, 46

成人教育……………………43
性別…………………… 7, 18, 19, 20
全国図書館大会……………16
選書…………………………25, 26
全体への奉仕者……………14
選択基準……………………27
「全日本図書館労働組合（全日図）」
　………………………………38
専門職…………12, 15, 18, 27, 30, 49
専門職集団…………………25, 47, 48
専門職団体…………………38
専門性の要件………………… 7, 32
専門図書館…………………13, 28, 39, 43
総合目録……………………40
相互貸出……………………40
相互協力……………………9, 40
組織体の一員………6, 8, 17, 31, 32

タ　行

大学設置基準………………17
大学図書館…………13, 26, 38, 39, 43
団体交渉……………………38
地域社会……………9, 38, 42, 43, 44
地域文庫…………………… 6, 15, 44
知的自由……………………21
知的文化財…………………23
地方行政資料………………43
地方公務員法………………21, 30
地方自治体…………………29, 31
地方出版物…………………28

85

「中小レポート」……………………33
町村立図書館………………………35
通年開館……………………………39
定期異動……………………………35
電算機処理…………………………22
東京都立中央図書館………………30
東京23区……………………12, 35
東京の図書館をもっとよくする会……12
東大図書館…………………………23
読者の立場………………9, 45, 46
読書運動……………………… 9, 44
読書環境…………………………15, 44
読書権………………………………20
読書事実……………………………22
読書の自由………………………… 7
読書要求………………………44, 45
「図書館員の専門性とは何か」………47
「図書館員の行動規定」……16, 26, 67
「図書館員の倫理規程」………………49
図書館員養成………………………18
図書館運営………12, 32, 35, 36, 39
図書館運動…………………………44
図書館学…………………………18, 29
図書館活動… 5, 7, 8, 11, 21, 39, 44
図書館間の協力
　　　………… 9, 19, 27, 36, 39－41
図書館行政…………………………36
図書館サービス…………19, 20, 36
図書館情報大………………………36
図書館資料…………………26, 27, 43

図書館専門職………………24, 27
図書館団体………………………8, 36
図書館長………………5, 32, 40
図書館づくり運動…………………44
図書館同種施設……………………6
図書館の自由…………7, 22, 46
「図書館の自由に関する宣言」
　　　………………5, 9, 11, 23, 46
図書館法………………………17, 44
図書館奉仕
　　　……… 6, 8, 9, 16, 19, 36－38, 43
図書館要求…………………………39
図書館利用………………18, 19, 39
図書館労働…………………………38
特高警察……………………………23
都道府県立図書館…………39, 41

ナ 行

日本図書館協会（日図協）
　　　………………10, 31, 36, 38, 47－49
日本図書館協会定款………………38
日本文庫協会………………………12
入院患者……………………………20
ネットワーク……………19, 41, 43
年齢…………………… 7, 18, 19, 20
年齢制限……………………………19

ハ 行

博物館………………………………42
派遣……………………………13, 39

パート職員…………………………15
非常勤……………………………15, 39
表現の自由………… 9, 21, 24, 45, 46
複写業務……………………………22
服務規定……………………………14
婦人図書館員………………………… 9
府中市立図書館……………………16
不当配転…………… 8, 34, 35, 38
プライバシー……………………7, 22
文化環境…………………9, 17, 41–43
文化創造………………… 9, 17, 41
文化的機関…………………………43
文庫活動……………………………… 9
焚書……………………………23, 25
平和……………………………41, 42
奉仕計画…………… 8, 17, 32, 33
母性保護……………………………… 9
保存………… 7, 18, 22, 23, 25, 34
ボランティア……………………6, 15

マ　行

マイノリティ………………………20
学ぶ権利……………………13, 34
民衆教育……………………………42
文部科学省………………………29, 36

ヤ　行

「有害図書」………………………25, 46
有資格者……………………………15
ユネスコ……………………39, 40, 42

ユネスコ公共図書館宣言……20, 42–44
養成課程……………………………29
余暇活動……………………………43
予算削減……………………………27

ラ　行

リクエスト…………………………22
利用指導……………………………44
利用者の秘密……… 7, 11, 21, 22, 47
利用者の要求………6, 8, 17, 18, 29
臨時職員………………………13, 22
「倫理綱領草案」（LA）……………49
レファレンス………………22, 34, 40
労働組合…………………………37, 38
労働災害………………… 8, 37, 38
労働条件………8, 9, 17, 32, 36–38
労働密度……………………………37

「図書館員の倫理綱領」解説　増補版
"Code of Ethics for Librarians : the Commentary Notes"

1981年10月28日	初版第１刷発行	定価：本体700円（税別）
1982年４月16日	初版第２刷補訂発行	
2002年４月５日	増補版第１刷発行　©2002	
2020年７月５日	増補版第３刷発行	

編　者　日本図書館協会図書館員の問題調査研究委員会
発行者　公益社団法人日本図書館協会
　　　　東京都中央区新川１丁目11-14
　　　　〒104-0033　☎(03)3523-0811(代)
　　　　Printed in Japan.

JLA202004　　　　　　　　　印刷：研友社印刷（株）

ISBN978-4-8204-0124-7 C3000　￥700E

本文の用紙は中性紙を使用しています。